OS IRANIANOS

COLEÇÃO POVOS & CIVILIZAÇÕES

Coordenação Jaime Pinsky

OS ALEMÃES *Vinícius Liebel*
OS AMERICANOS *Antonio Pedro Tota*
OS ARGENTINOS *Ariel Palacios*
OS CANADENSES *João Fábio Bertonha*
OS CHINESES *Cláudia Trevisan*
OS COLOMBIANOS *Andrew Traumann*
OS ESCANDINAVOS *Paulo Guimarães*
OS ESPANHÓIS *Josep M. Buades*
OS FRANCESES *Ricardo Corrêa Coelho*
OS INDIANOS *Florência Costa*
OS INGLESES *Peter Burke* e *Maria Lúcia Pallares-Burke*
OS IRANIANOS *Samy Adghirni*
OS ITALIANOS *João Fábio Bertonha*
OS JAPONESES *Célia Sakurai*
OS LIBANESES *Murilo Meihy*
OS MEXICANOS *Sergio Florencio*
O MUNDO MUÇULMANO *Peter Demant*
OS PORTUGUESES *Ana Silvia Scott*
OS RUSSOS *Angelo Segrillo*

Proibida a reprodução total ou parcial em qualquer mídia sem a autorização escrita da editora.
Os infratores estão sujeitos às penas da lei.

A Editora não é responsável pelo conteúdo deste livro.
O Autor conhece os fatos narrados, pelos quais é responsável, assim como se responsabiliza pelos juízos emitidos.

Consulte nosso catálogo completo e últimos lançamentos em **www.editoracontexto.com.br**.

Samy Adghirni

OS IRANIANOS

Copyright © 2014 do Autor

Todos os direitos desta edição reservados à
Editora Contexto (Editora Pinsky Ltda.)

Foto de capa
Marina Rodrigues Mesquita

Montagem de capa e diagramação
Gustavo S. Vilas Boas

Preparação de textos
Lilian Aquino

Revisão
Tatiana Borges Malheiro

Dados Internacionais de Catalogação na Publicação (CIP)
(Câmara Brasileira do Livro, SP, Brasil)

Adghirni, Samy
Os iranianos / Samy Adghirni. – 1. ed., 5ª reimpressão. –
São Paulo : Contexto, 2024.

Bibliografia.
ISBN 978-85-7244-864-2

1. Cultura – Irã 2. Irã – Civilização 3. Irã – Descrição
4. Irã – História 5. Irã – Política e governo 6. Iranianos
I. Título.

14-05848   CDD-955

Índice para catálogo sistemático:
1. Irã : Civilização 955

2024

Editora Contexto
Diretor editorial: *Jaime Pinsky*

Rua Dr. José Elias, 520 – Alto da Lapa
05083-030 – São Paulo – SP
PABX: (11) 3832 5838
contato@editoracontexto.com.br
www.editoracontexto.com.br

SUMÁRIO

QUEM SÃO OS IRANIANOS?	9
Ufanistas e orgulhosos	9
Fé e superstição	12
Amor e ódio ao Ocidente	18
Sexo, álcool e festanças	23
O país da mentira	26
Taarof: a etiqueta como jogo	29
Nação de poetas	30
A arte do piquenique	33
Hospitaleiros e afáveis	34
Preguiçosos e enrolados	36
Hábitos saudáveis...	38
... mas higiene irregular	43
GEOGRAFIA E NATUREZA	47
Montanhas e desertos	47
Terremoto, risco constante	50
Clima diverso e extremo	50
Litorais contrastantes	52
Riqueza da vida selvagem	53
Províncias e aglomerações	53
Catástrofe ambiental	58
MISCELÂNEA ÉTNICA E LINGUÍSTICA	61
Persas	61
Azeris	63
Curdos	64
Árabes	65
Luros	65
Balúchis	66
Turcomanos	67
Microcomunidades: assírios, armênios e pashtuns	68

A IMAGEM DE NAÇÃO RADICAL | 69
Aiatolá Khomeini, primeiro rosto do islã radical | 69
O ataque à embaixada americana | 72
Xiismo, o islã em transe | 74
O sacrifício da nação pela "guerra imposta" | 77
Ódio a Israel | 79
O programa nuclear | 82
Violação de direitos humanos | 85

SOCIEDADE EM TRANSFORMAÇÃO | 89
País de classe média | 89
Demografia à moda europeia | 91
Tradições sociais em crise | 93
Instruídos e cultos | 96
Invasão cultural ocidental | 102
Loucos por internet | 104

PAÍS EMPERRADO | 107
Colossais reservas de petróleo e gás | 107
Economia estatal e semiprivada | 109
O efeito das sanções | 110
O declínio dos bazares | 115
Corrupção e ineficiência | 118
Fuga de cérebros | 119
Transporte precário | 121

DA ANTIGUIDADE À ERA MODERNA | 125
Aquemênidas e o maior império da história | 125
Queda e reconquista persa | 130
Sassânidas e a teocracia zoroastra | 130
Islamização da Pérsia | 131
Glória safávida | 134
Qajar, reis que afundaram a Pérsia | 136
Sob reino Pahlavi, o choque de modernidade | 138

O ESTADO TEOCRÁTICO ISLÂMICO	143
A queda da monarquia	143
Teocracia ou República?	146
O poderoso aparato de segurança	151
Generosas políticas sociais	154
Formidável máquina de propaganda	156
PROJEÇÃO INTERNACIONAL DE PODER	161
Um lugar entre os grandes	161
"Morte aos EUA": a diplomacia revolucionária	163
Problemas com os vizinhos	168
Contra o isolamento, novas alianças	171
Oscilante relação com o Brasil	172
O *soft power* iraniano	175
MULHERES E MINORIAS	179
Força e resistência feminina	179
Judeus	184
Zoroastras	187
Cristãos	189
Sunitas	190
Baha'ís	190
Gays, lésbicas e transexuais	191
DO IRÃ PARA O MUNDO	193
Tapetes persas	193
Admirada escola de cinema	197
Destaques no esporte	201
Gastronomia rica – e saudável	204
Diáspora heterogênea	206
CRONOLOGIA	209
BIBLIOGRAFIA	215
O AUTOR	219

QUEM SÃO OS IRANIANOS?

UFANISTAS E ORGULHOSOS

Os iranianos, principalmente os da etnia persa dominante, cultivam a certeza de pertencer a uma das mais antigas e gloriosas civilizações. Alimentam com orgulho a memória de um povo que dominou boa parte do mundo graças a sucessivos impérios e cuja ciência um dia iluminou a humanidade. A grandeza iraniana compõe boa parte daquilo que Carl Jung chamava de "inconsciente coletivo". Crianças crescem ouvindo histórias sobre o papel central de seu país na história do mundo. Na literatura, alguns clássicos têm como narrativa as conquistas persas. Quase todos os líderes nacionais ao longo da história projetaram algum de tipo de hegemonia enraizada na ideia de um povo nobre de excepcional destino. Há muitos iranianos ateus ou alheios à religião, mas são raros os que não são ufanistas.

Céticos lembram que essa percepção é fruto de uma reconstrução da narrativa histórica por nacionalistas iranianos nos últimos 200 anos. O Império Safávida teria organizado fragmentos esparsos de memória nacional de forma a consolidar uma identidade coesa e crível.

De todo modo, esse triunfalismo ecoa facilmente num país onde o fervor nacionalista pode soar ora ingênuo, ora arrogante aos ouvidos de um visitante estrangeiro. Iranianos, por exemplo, reivindicam paternidade sobre algumas das principais invenções da humanidade: vinho, sapato, xadrez, sorvete, refrigeração de ar, sistema postal, anestésicos, violão, entre outras. Há quem acredite que o alfabeto árabe, usado na escrita do idioma farsi moderno, seja originalmente persa. Existe, ainda, quem se ofenda se o interlocutor não compra a ideia de que até as pirâmides do Egito são, em realidade, obra de engenheiros persas. Para agradar um iraniano, concorde que o país dele tem as pessoas mais inteligentes, as mulheres mais bonitas, a gastronomia mais rica, o artesanato mais refinado e os jardins mais delicados.

10 | Os iranianos

No século XVI, o comerciante inglês Anthony Jenkison viajou à Pérsia e escreveu que seus habitantes a consideram "a melhor de todas as nações".

A ideia de grandeza traduz com frequência um sentimento mais amplo, ancorado em uma suposta superioridade étnica. Persas se enxergam como um povo nobre e puro, detentor legítimo das terras que ocupa. A conexão entre raça e solo está embutida até no nome do país. No milenar idioma sânscrito, *Irã* significa "terra dos arianos (nobres)". O termo ficou eternamente maculado depois de ser apropriado pela ideologia hitlerista de supremacia, na primeira metade do século XX. O regime nazista, entretanto, privilegiava os arianos nórdicos, que teriam preservado uma suposta "pureza original", enquanto os arianos asiáticos, cujo berço se situa numa área a oeste do Afeganistão moderno, teriam sido corrompidos ao misturar-se com outros povos indo-europeus. Apesar da distinção, a Alemanha tinha pronunciada simpatia pelo Irã, à época governado pela monarquia secular de Mohammad Reza Pahlavi. Sob pretexto de pertencerem a uma linhagem pura, iranianos foram poupados das infames Leis de Nuremberg, que deram carimbo oficial ao ódio nazista contra judeus, ciganos e outros grupos vistos como inferiores. No auge da ascensão nazista, a Alemanha era o principal parceiro comercial do Irã. Mas essa empatia se ateve a governos. Cidadãos alemães provavelmente não faziam ideia de quem eram os iranianos, que, por sua vez, formavam uma população rural e pobre, alheia a questões internacionais. A hostilidade do atual regime de Teerã contra Israel e ocasionalmente contra judeus nem sempre ecoa o sentimento geral da população. O Irã talvez seja o país de maioria islâmica com menos ódio antissemita.

Os inimigos históricos dos persas são os árabes, que consideram bárbaros. "Os árabes não têm história e não são refinados", me disse uma guia de turismo ao encerrar um passeio pelas ruínas de Persépolis, que há 2.500 anos foi sede de impérios persas. Essa rivalidade entre os dois povos tem ramificações étnicas, culturais e políticas e constitui um elemento central da identidade iraniana.

Muitos iranianos acreditam que sua civilização entrou em decadência a partir da invasão islâmica no século VII, que impôs uma religião revelada em árabe e disseminada por árabes, em detrimento da cultura persa. Mesmo sob o atual sistema de governo teocrático xiita, a herança ancestral do Irã pulsa no dia a dia do país. A ligação com o passado pré-islâmico continua tão forte que o Irã funciona até hoje com base no calendário persa. O Nowruz, ano-novo local, é festejado no equinócio de inverno, conforme a tradição mística do zoroastrismo, a fé da Pérsia antiga, que foi pioneira na ideia de um Deus único e todo-poderoso. O Nowruz corresponde a 21 de março no calendário gregoriano.

Quem são os iranianos? | 11

Bandeiras do Irã estão por toda parte em Teerã, num reflexo do ufanismo que caracteriza tanto o Estado como a sociedade.

12 | Os iranianos

Nas semanas que antecedem a virada, famílias montam em suas casas uma mesa com sete objetos cujo nome em farsi começa com o equivalente da letra S (espelho, maçã, vela, pote com água de rosas, cereais, peixe, ovos pintados). Shoppings e lojas fazem o mesmo. É o "haft seen", que significa literalmente "sete S" e visa atrair sorte, beleza e saúde. Na noite da virada, os iranianos pulam por cima de fogueiras, acreditando no poder purificador das chamas. Esses rituais com ares de mandinga são considerados uma aberração pagã pela maioria dos muçulmanos não iranianos. Mas os aiatolás não só reconhecem oficialmente o Nowruz como ano-novo, como também contam meses e estações seguindo a cartilha zoroastra. O aniversário da Revolução de 1979, por exemplo, é conhecido como o dia 22 do mês de Bahman, equivalente a 11 de fevereiro no calendário gregoriano.

Essa maneira de marcar datas, que não corresponde ao calendário islâmico em vigor em muitos países da região, é uma dor de cabeça para estrangeiros radicados no Irã. Até um iraniano mais ocidentalizado dirá que pretende fazer tal coisa após o fim do mês de Khordad em vez de dizer junho.

FÉ E SUPERSTIÇÃO

A Pérsia sempre foi grande plataforma religiosa. Foi lá que nasceu, há milênios, o zoroastrismo, primeira fé a pregar a existência de um Deus único. Fervorosos zoroastras, os reis aquemênidas Ciro, Dario e Xerxes deram início a uma longa linhagem de líderes devotos que governaram os iranianos ao longo da história. Séculos antes da República Islâmica, o Irã já havia sido controlado por uma teocracia: o Império Sassânida, ao mesmo tempo brutal e vanguardista. Judeus e cristãos fincaram raízes em terras persas bem antes do surgimento do islã.

Existem semelhanças significativas na maneira como iranianos e brasileiros vivem a religiosidade. Grande parte da população tem alguma fé, frequenta locais de culto e encara com seriedade o calendário de celebrações espirituais. Nos dois países, conversas do dia a dia são pontuadas, até entre pessoas pouco praticantes, por alusões ao poder divino: se Deus quiser; Deus te proteja; graças a Deus etc. Difícil achar alguém que não creia em nada, mesmo os que se dizem ateus. Até os mais desapegados fazem promessa, mandinga e rezam para o que quer que seja na hora do aperto.

A fé dominante no país é o islã xiita, considerado religião de Estado com a Revolução de 1979. Embora a proporção de iranianos que levam vida privada secular e ocidentalizada seja cada vez maior, a sociedade ainda tem amplos segmentos de

Quem são os iranianos? | 13

O feriado da Ashura é marcado pela expressão de uma religiosidade mórbida e teatral. Em todas as cidades, iranianos choram ao assistir a procissões de rua que encenam a batalha de Karbala, na qual o imã Hussein e sua família foram assassinados de forma sanguinária pela dinastia umíada.

14 | Os iranianos

praticantes, jovens e idosos, homens e mulheres. Os mais devotos rezam cinco vezes ao dia, jejuam no mês sagrado de Ramadá e fazem peregrinação a Meca e outros santuários. Não bebem álcool nem fumam. Homens devotos são facilmente reconhecíveis pela barba rala e pelos anéis de pedra no dedo mindinho. Clérigos usam turbante e capa. É o típico visual do mulá iraniano. O turbante padrão é branco, mas mulás que possuem o título de Seyed (descendente do profeta Maomé) usam o modelo preto, símbolo de *status*. Já as mulheres religiosas são identificáveis pelo chador, um tipo de véu que cobre o corpo todo, deixando apenas o rosto e as mãos à mostra. Chador significa barraca, em farsi. Em Teerã e Qom, predominam os de cor preta, enquanto chadores coloridos são mais comuns em outras cidades. Algumas mulheres usam chador por vontade própria, como sinal externo de modéstia e pudor. São essas mesmas mulheres que se abstêm de contato físico – como aperto de mão – com homens, à exceção de pai, marido, filhos e irmãos. Na prática, porém, o chador pode denotar mais um *status* social do que uma devoção pessoal. Há também muitas mulheres que o usam por pressão da família e do marido.

Nos segmentos mais liberais, as mulheres dispensam o chador em favor do hijab, um lenço menor que cobre cabelos e pescoço. É obrigatório cobrir pelo menos os cabelos, e o hijab é o mínimo aceitável. O uso do véu incomoda boa parte das mulheres.

A espiritualidade nacional aflora com força máxima durante a Ashura, principal data do calendário xiita, quando o país inteiro se veste de preto em sinal de luto aos mártires da religião – a morbidez, característica do xiismo, será detalhada no capítulo "A imagem de nação radical".

A ideia central do xiismo iraniano é a crença de que os ensinamentos de Maomé foram perpetuados por uma linhagem de 12 santos descendentes do profeta, chamados de imãs. O islã local acredita que o último imã, de nome Mahdi, é um mensageiro oculto que voltará à Terra para salvar a humanidade da tirania e da barbárie. De acordo com essa narrativa, Jesus Cristo também retornará ao mundo para ajudar o Mahdi na tarefa de restaurar a paz. A maior parte da liturgia xiita gira em torno dos imãs, tendo cada um deles deixado um rastro de heroísmo e bondade.

Esse fervor pelos santos é um dos principais motivos de atrito entre xiitas e sunitas, que compõem ao menos 80% dos muçulmanos pelo mundo. Para os sunitas, o culto aos imãs é uma personificação indevida dos ensinamentos corânicos. Há outras diferenças de interpretação e de práticas, incluindo a forma de rezar, que possui menos movimentos na tradição sunita. Xiitas também seguem práticas tidas como hereges por muitos sunitas, como fazer promessa e aceitar representação pictural de figuras religiosas.

No Irã, a exemplo do que ocorre em muitos países, populações de cidades pequenas ou de áreas rurais tendem a ser mais conservadoras. Mas, na contramão da clivagem estereotipada que opõe ricos liberais a pobres mais devotos, religiosos estão presentes em todas as camadas da sociedade. Entre os mais devotos do islã estão os bazaris, poderosos empresários que capitaneiam mercadões tradicionais. E muitas famílias de baixa renda, por seu lado, escondem garrafas de bebida alcoólica dentro de casa.

A relação dos fiéis com a república teocrática implementada em 1979 é mais complexa do que se imagina no Ocidente. Por um lado, a revolução transformou clérigos xiitas em dirigentes políticos e satisfez a aspiração de milhões de iranianos favoráveis à Sharia, a lei pretensamente inspirada no Corão, cuja interpretação é para lá de flexível. A queda da monarquia Pahlavi foi causada, em grande parte, por sua incapacidade de entender o apego de amplos segmentos da sociedade ao islã como modo de vida. Até hoje, muitos iranianos consideram um dever religioso apoiar o líder supremo ou engrossar a participação popular em eventos à glória do regime, como o aniversário da revolução. A base de apoio ao regime encontra-se enraizada em círculos religiosos.

Ser devoto, porém, não implica necessariamente simpatizar com a República Islâmica. Um dos assuntos mais tabus no Irã é a existência de muçulmanos xiitas que abominam a apropriação de sua religião pelo regime. Alguns aiatolás conquistaram uma massa silenciosa de simpatizantes ao defender a tese de que a revolução surgiu para libertar e não oprimir a população. Essa corrente acusa o líder supremo, aiatolá Ali Khamenei, de ter desviado os ideais revolucionários de justiça e de comandar um sistema violento, corrupto e sedento por poder. Curiosamente, o bastião dessa teologia crítica encontra-se em Qom, 80 km ao sul de Teerã, mesmo santuário onde são formados os mulás a serviço do regime. Uma das últimas eminências xiitas a ousar desafiar abertamente o sistema foi Hossein-Ali Montazeri, que ostentava o raríssimo título de grão-aiatolá, o mesmo de Khomeini. Após se destacar como um dos grandes ideólogos da Revolução de 1979, Montazeri era tido como sucessor natural de Khomeini. Mas os dois homens romperam por divergências acerca do tratamento aos dissidentes, e o segundo líder supremo da República Islâmica acabou sendo o ultraconservador Ali Khamenei. Montazeri morreu em 2009, numa espécie de prisão domiciliar na qual havia sido confinado por pregar que o Irã não era "nem república nem islâmico".

Hoje em dia, muitos iranianos são favoráveis à separação entre Estado e religião, embora ninguém ouse externar essa aspiração fora das rodas de amigos mais próximos. Há quem garanta que a pressão totalitária do regime acabou afastando parte da sociedade iraniana do islã, religião hoje associada a clérigos repressores. Já ouvi muita gente garantindo que a proporção de iranianos devotos era maior durante a época do xá. Também conheço pessoas que dizem não ter dúvida de que menos da metade das mulheres continuariam usando o véu caso deixasse de ser obrigatório.

16 | Os iranianos

A religiosidade dos iranianos aflora principalmente durante o feriado da Ashura. Nesse período, o movimento nas mesquitas aumenta, como neste santuário ao norte de Teerã.

"Quando eu era pequena, adorava ir à mesquita rezar. Mas quando cresci, passei a me incomodar com a política que contamina as pregações e com o olhar hostil dos milicianos do regime que se acham donos das mesquitas. Hoje, quando penso no islá, penso nos políticos que nos governam", diz Mina, jovem tradutora que vive em Teerã.

Estatísticas sobre práticas religiosas são proibidas no Irã. Mas os quase três anos de convívio com iranianos de várias cidades e diversos meios sociais me levaram à conclusão de que a maior parte dos iranianos não é de fervorosos praticantes. Ao contrário do que ocorre em países árabes, no Irã pouca gente interrompe suas atividades para fazer as cinco orações. Com exceção de feriados religiosos e sextas-feiras, dia sagrado, as mesquitas têm pouca afluência. É raro ver iranianos rezando no meio da rua. A quantidade de gente que ignora o Ramadã, o mês de jejum obrigatório, é chocante para quem espera uma sociedade devota. "Eu cheguei achando que veria um país totalmente voltado para a religião, e o que encontrei é o exato oposto disso. Ao contrário do Egito ou da Turquia, a vida no Irã não gira em torno da religião", espantou-se uma diplomata ocidental após um mês instalada em Teerã.

Eu mesmo sempre me surpreendi com a flexibilidade dos iranianos em relação ao islã, mesmo por parte de quem se diz muçulmano. A curadora de arte Mojgon, de trinta e poucos anos, reza ocasionalmente, não bebe uma gota de álcool e jejua no Ramadã. Mas ela coleciona amantes e só coloca o véu para sair na rua. A diarista Fatemeh acredita nos santos xiitas, mas não gosta de usar o véu.

O quarentão Nader é o típico playboy de Teerã. Empresário riquíssimo e vaidoso, casado com uma mulher linda e moderna, com filhos matriculados em escola francesa. Nader bebe vinho, fuma maconha e aproveita frequentes viagens ao exterior para pular a cerca. Mas ele é também um orgulhoso hajj, título reservado aos muçulmanos que já fizeram peregrinação a Meca.

Em rua de Teerã, periquito adestrado colhe aleatoriamente, mediante alguns trocados ao dono, trechos de poemas que supostamente revelam futuro. Iranianos são extremamente supersticiosos.

18 | Os iranianos

Surpreende também a crença generalizada em superstições de todo tipo. Algumas estão mais fortemente vinculadas ao islã, como a ideia de que a humanidade divide espaço no universo com entidades espirituais chamadas djins, citadas no Corão. Brincalhões, os djins se divertem mudando objetos de lugar nas nossas casas e perturbando nossos pensamentos, segundo a crença. Iranianos também temem o mau-olhado (chashm zakhm, em farsi), praga ou desgraça que algumas pessoas seriam capazes de lançar com um simples olhar. A exemplo do que acontece no Brasil, muita gente evita comentar conquistas ou projetos por medo de atrair inveja. Uns tendem a se proteger do mau-olhado com o talismã mão de Fátima (hamsá), outros com olhos turcos (nazars). Outras superstições são mais próximas da tradição pagã. No Irã, uma forma de espantar espíritos ruins é queimar sementes de uma planta conhecida como esfand (*Peganum harmala*, no nome científico). Acredita-se que a fumaça resultante da sua combustão repele todas as coisas ruins. Nos semáforos de Teerã, pedintes caminham entre os carros queimando grãos de esfand em caixinhas de metal, à espera de algum trocado por livrar os motoristas do mau-olhado. Durante a Ashura, ponto culminante do calendário xiita, comerciantes e cidadãos comuns distribuem nas ruas uma sopa que promete proteger de doenças pelo ano todo.

AMOR E ÓDIO AO OCIDENTE

Um dos lugares que mais chamam a atenção de quem visita Teerã, tentacular metrópole com 12 milhões de habitantes, é a fachada de um prédio do centro pintada com uma versão da bandeira dos Estados Unidos com a inscrição em inglês: "*Down with the USA*". Trata-se da tradução eufemística da frase original em farsi, escrita ao pé da mesma parede, que significa "Morte aos EUA" ("Márg bár amriká"). As listras vermelhas da bandeira, pintadas na vertical, representam rastros de mísseis caindo. As estrelas em fundo azul são caveiras.

Motivos semelhantes ornam os muros do enorme complexo, fossilizado numa movimentada avenida de Teerã, que abrigou a embaixada dos Estados Unidos até o sequestro de 52 diplomatas americanos que durou mais de um ano, em 1979. Foi esse ataque que levou à ruptura entre os dois ex-aliados. Os desenhos no muro da antiga embaixada incluem estátuas da liberdade com cara de caveira, pistolas com as cores americanas e uma bandeira de Israel desenhada sobre o domo do capitólio de Washington.

Ilustrações desse tipo, presentes em várias outras aglomerações iranianas, refletem a retórica incendiária do regime teocrático fundado pelo aiatolá Ruhollah

Khomeini. Num dos discursos que marcaram o início do governo revolucionário, ele chamou os Estados Unidos de "grande satã", cunhando um termo que se tornaria sua marca registrada. Aos olhos de Khomeini, os americanos eram a encarnação do mal absoluto. Um povo materialista e depravado, capaz de tudo para saciar seu imperialismo hegemônico. O aiatolá considerava que o Ocidente vivia a reboque dos Estados Unidos e, por isso, europeus eram alvo de ódio semelhante. A propaganda oficial se encarrega até hoje de lembrar à exaustão a lista dos atos que justificam, sob a perspectiva do regime, a visão tão negativa em relação aos ocidentais.

No século XIX, britânicos ocuparam o Irã e transformaram a população do país em cidadãos de segunda categoria. Quando as gigantescas reservas de petróleo foram encontradas ao sul do território iraniano, os mesmos britânicos se apropriaram do negócio e impuseram contratos que destinavam apenas 10% da receita aos iranianos. O restante da bonança seguia para os cofres da Anglo Iranian Oil Company, que se transformou, anos depois, na British Petroleum. O profundo mal-estar causado por essa injustiça foi canalizado pelo primeiro líder democraticamente eleito na história do Irã, o nacionalista Mohammad Mossadegh. Catapultado a primeiro-ministro por sua vitória nas urnas em 1951, Mossadegh assumiu o governo com a promessa de nacionalizar a indústria petroleira, deflagrando reação furiosa dos britânicos. Londres respondeu impondo um embargo econômico ao Irã e instalando sua frota naval em posição de ataque contra o litoral iraniano. Mossadegh não cedeu, e os britânicos recorreram à solução extrema. Em 1953, serviços secretos da Grã-Bretanha, apoiados pela CIA, corromperam clérigos e políticos e disseminaram rumores de que Mossadegh era comunista. O plano consistia em fomentar uma insurreição contra o governo. Consagrada como um clássico da espionagem moderna, a Operação Ajax conseguiu derrubar Mossadegh e devolveu plenos poderes ao xá Mohammad Reza Pahlavi, cujo regime, sustentando pelo Ocidente, tornou-se cada vez mais repressor a partir de então.

Com o fim do governo Mossadegh, Mohammad Reza Pahlavi deu seguimento ao plano que se tornou sua marca registrada: modernizar o país e a sociedade, afastando-os da religião. A autoridade que clérigos tinham em cidades pequenas foi aniquilada em detrimento de leis seculares que a maioria dos iranianos não reconhecia. Temendo o poder de mobilização das mesquitas, o xá tirou de circulação centenas de mulás, que acabaram presos e torturados. O mais famoso de todos, o aiatolá Khomeini, teve que se exilar. Por meio de sua polícia secreta, Savak, doutrinada e formada pelo Mossad israelense e pela CIA, o xá também caçou oposicionistas laicos, incluindo comunistas. O ódio popular reforçou-se com o estilo de vida nababesco da casa imperial iraniana. Uma das ideias centrais da Revolução de 1979 era acabar com uma ditadura mantida pelo Ocidente.

20 | Os iranianos

Apavorado com a ascensão do regime dos mulás comandados por Khomeini, o Ocidente abençoou a invasão do Irã pelas tropas iraquianas de Saddam Hussein no ano seguinte à revolução iraniana. Numa guerra de indizível barbárie, o Iraque bombardeou até Teerã e lançou os primeiros ataques de armas químicas contra civis desde a Segunda Guerra Mundial. Sob pressão americana, o mundo calou-se diante dos extermínios com gás mostarda. Em 1988, semanas antes do acordo que selou o fim do conflito, um navio de guerra americano que havia invadido águas territoriais iranianas disparou um míssil contra um avião civil da Iran Air com 290 passageiros a bordo. Todos morreram.

O fim do conflito, que matou um milhão de pessoas, e a morte de Khomeini no ano seguinte inauguraram uma era de maior pragmatismo externo por parte de Teerã.

Entre altos e baixos, o Irã mantém hoje relações diplomáticas com quase todas as potências ocidentais. Mas a inimizade institucional com os Estados Unidos e Israel permanece.

Apesar disso, laços profundos unem iranianos e ocidentais, americanos principalmente.

A maior comunidade iraniana no exterior encontra-se hoje nos Estados Unidos. São cerca de 2 milhões de expatriados, a maioria dos quais membros de famílias que saíram do Irã após a Revolução de 1979. Para atender esse braço da diáspora, Teerã mantém em Washington um dos maiores e mais atarefados consulados de sua rede diplomática, apesar da inexistência de relações bilaterais formais. Iranianos residentes nos Estados Unidos tratam de passaportes e certidões de casamento na seção de interesses iranianos abrigada pela embaixada do Paquistão em Washington. Apesar da ojeriza aos aiatolás, muitos desses iranianos com frequência visitam o Irã, onde mantêm laços familiares e negócios.

A escolha dos Estados Unidos como destino preferencial para escapar do tormento revolucionário não é fruto do acaso. Muitos iranianos já estavam estabelecidos no país desde a segunda metade do século XX, por impulso do xá Mohammad Reza Pahlavi. Como parte de sua estratégia de ocidentalizar o país, ele incentivava – e muitas vezes financiava – a imersão de estudantes, pesquisadores e profissionais liberais na realidade americana. Desde o início do século XX, os Estados Unidos eram vistos no Irã como parceiro político e comercial mais confiável que a Grã-Bretanha. Durante a Guerra Fria,

Mural no centro de Teerã ostenta mensagem que prega "abaixo os EUA", versão eufemística da frase original em farsi, que significa "morte aos EUA".

22 | Os iranianos

o Irã viveu uma invasão da cultura pop americana. Após a revolução, o então governo de Ronald Reagan facilitou a entrada de milhares de iranianos nos Estados Unidos.

O resultado dessas trocas é que muitos dos membros dos altos quadros do regime iraniano estudaram nos Estados Unidos. O chanceler do Irã em 2014, Mohammad Javad Zarif, passou boa parte da vida nos Estados Unidos. Seu antecessor imediato, Ali Akbar Salehi, amplamente admirado por sua sofisticação e inteligência, é PhD pelo MIT. Há quem jure que ambos têm passaporte americano, hipótese plausível. O veterano Ali Akbar Velayati, assessor diplomático do líder supremo, aiatolá Ali Khamenei, estudou Pediatria na Universidade John Hopkins. Outro alto colaborador de Khamenei, Mohamad-Javad Larijani, que preside o Conselho de Direitos Humanos do Irã, estudou em Berkeley, mas abandonou o doutorado para participar da Revolução de 1979.

A verdade inconveniente para segmentos mais conservadores é que os Estados Unidos até hoje fascinam e atraem multidões de iranianos. As elites, inclusive setores ligados ao regime, continuam mandando seus filhos estudarem em universidades americanas – e britânicas. Apesar dos entraves gerados pelas sanções, marcas americanas proliferam no Irã. Os iPhones e iPads estão por toda parte, assim como tênis Nike e calças Levi's. O Irã tem até fábricas de Coca-Cola e Pepsi, cujos produtos e logotipos são exatamente os mesmos que em qualquer outro lugar. O idioma inglês é presença maciça, das placas de sinalização à imprensa oficial. Entre a população urbana é difícil encontrar um iraniano que não tenha, no mínimo, algumas noções de inglês.

Muitos iranianos detestam os Estados Unidos, mas isso se deve muito mais à rejeição das políticas americanas do que ao país em si. A maior parte da população iraniana não compartilha do ódio antiamericano tão comum entre populações do Oriente Médio e da Ásia Central. Ao contrário do que ocorre no Iêmen ou no Paquistão, Osama bin Laden não tem apelo algum no Irã. Pelo contrário, a República Islâmica talvez seja um dos raros países islâmicos onde existe admiração declarada em larga escala pelos Estados Unidos. "Prefiro um mundo dominado pelos americanos do que pelos chineses", defende um rico empresário de Teerã. "*I love America*", exalta um taxista da capital, ecoando um sentimento comum.

Até mesmo membros do regime ocasionalmente manifestam apreço pelo inimigo. Em 2008, o então vice-presidente, Esfandiar Rahim Mashaee, disse publicamente que os Estados Unidos são um dos "melhores países do mundo". Anos depois, um membro da Guarda Revolucionária, força de elite do regime, me garantiu que os dois países eram como "irmãos brigados". Como bom iraniano, ele recorreu a um provérbio persa para ilustrar a animosidade bilateral. "Posso devorar tua carne, mas pouparei teus ossos. É assim que vemos os americanos. Nos conhecemos bem, temos tudo para voltar a ser amigos. O líder supremo também acha isso, mas ele fica magoado com as coisas que o governo americano diz a nosso respeito, por isso respondemos em linguagem tão dura. Mas está mais perto do que longe o dia em que voltaremos a ter boas relações com eles."

Alguns ocidentais que conhecem bem o Irã, como o jornalista Scott Peterson, enxergam semelhanças entre as psiques iraniana e americana. Os dois povos tendem a enxergar a si próprios como nações excepcionais, de papel central para os rumos do mundo e governados por dirigentes com agenda carregada de ideologia. Países europeus sabem que o Irã historicamente prefere olhar para além do Atlântico na busca por parceiros.

A mídia é um campo em que se vê com clareza esse sentimento mal resolvido entre Irã e Estados Unidos. No segundo semestre de 2013, o restrito grupo de veículos de imprensa ocidental autorizados a ter correspondente fixo em Teerã era dominado por americanos: *The Washington Post*, *The New York Times*, *Los Angeles Times*, *Associated Press*, NBC, CNN etc. Já a Press TV, canal de notícias internacional em inglês financiado por Teerã, tem mais escritórios nos Estados Unidos do que em qualquer outro país e sempre privilegia analistas americanos em seus programas de debate.

Em um dos numerosos escândalos que mancharam seu governo, o presidente Mahmoud Ahmadinejad foi criticado por incluir mais de 100 parentes e amigos na comitiva oficial iraniana que foi a Nova York por conta da Assembleia Geral da ONU, em 2012. Parentes e amigos invadiram lojas de Manhattan e voltaram para casa carregados de compras e muamba.

O mesmo paradoxo se manifesta em relação à Europa. Por trás da hostilidade oficial, há respeito e admiração, inclusive na esfera diplomática. Embaixadores da França e da Alemanha em Teerã estão entre os que desfrutam dos melhores acessos a altos funcionários do regime. "No fundo, o Irã só se aproxima de Rússia e China por necessidade. Os iranianos, entre os quais muitos linhas-duras do regime, querem mesmo é ser reconhecidos e paparicados pelo Ocidente", me garantiu um alto diplomata europeu. A relação com as potências ocidentais é um dos sinais mais claros das contradições e nuances da teocracia iraniana.

SEXO, ÁLCOOL E FESTANÇAS

As inúmeras restrições morais impostas pelo regime fazem com que muita gente leve vidas paralelas: uma pública, de fachada; outra na esfera privada. Um dos aspectos mais marcantes dessa existência clandestina, restrita à intimidade do lar, é a paixão por farra. Num país onde discotecas e bebidas são, em tese, banidas, as pessoas adoram transformar suas casas em baladas. As festas têm tudo o que se

24 | Os iranianos

possa imaginar: garotas dançando no melhor estilo periguete, sexo, música pop a todo volume e jovens passando mal de tão chapados.

Bebidas geralmente ficam por conta do dono da casa, que se abastece no mercado negro junto a contrabandistas especializados. Uma garrafa de uísque original custa em torno de US$ 45. Genérico fabricado no Iraque, na Turquia ou no Paquistão custa bem menos. Na bagunça oculta dos mercados clandestinos, a origem dos produtos nem sempre pode ser verificada. A cada ano são registradas diversas mortes causadas por ingestão de vodca ou uísque falsificados. Mas a capacidade de adquirir bebida variada (vinho é raríssimo, devido à dificuldade de transporte) e de boa qualidade acaba se tornando sinal de *status* e poder. Drogas também são fáceis de encontrar, principalmente maconha e ópio, produzidas no vizinho Afeganistão. "Existe de tudo em Teerã. Em 30 minutos posso conseguir cocaína", me disse certa vez um representante do Escritório da ONU para o Combate às Drogas.

Como muitos jovens iranianos só montam casa própria depois de casados, as festas geralmente acontecem quando os pais estão fora. Residências secundárias no litoral, no campo ou na montanha são opção preferencial nos meios privilegiados. Toda balada caseira tem um quarto transformado em vestiário, no qual as moças se desfazem dos véus e mantôs (casaco obrigatório para cobrir as formas). As adeptas de visual mais sexy trazem a muda de roupa na bolsa para minimizar o risco de andar na rua em trajes inadequados por baixo do mantô. Muitas iranianas aproveitam as festas para usar microssaias e roupas justíssimas que deixam a barriga de fora, num visual arrojado até para padrões brasileiros. Mais impressionante ainda são os excessos na maquiagem, que mesclam quantidades de rímel, batom em cores berrantes e sobrancelhas artificiais. "Como o rosto é tudo que elas podem mostrar na rua, as iranianas se acostumaram a focar na maquiagem", me explicou uma moça de Teerã.

Geralmente se chega à festa com alguma contribuição à inevitável mesa de comida e bebidas ou com um presente ao dono da casa. A etiqueta iraniana recomenda nunca chegar de mãos vazias.

A música mais frequente nesses encontros é uma espécie de pop persa moderno, que mistura batidas eletrônicas com cantos masculinos melancólicos. Tudo acelerado e sem harmonia. Iranianos ficam ofendidíssimos quando algum estrangeiro diz que esse "tuntistun" com vocal é um horror. Eles adoram. Acham moderno e dançante. Hits comerciais ocidentais também fazem sucesso, americanos sobretudo, como Rihanna e Lady Gaga, paixões da juventude de Teerã. Já ouvi muita música de Michel Teló tocando nessas festas.

Homens estrangeiros se impressionam com a ousadia sedutora de muitas iranianas, principalmente pertencentes à classe média moderninha, que não hesitam em tomar a iniciativa da abordagem. Elas sabem se mostrar interessadas e pedem telefone com naturalidade. Na avaliação unânime do clube do bolinha gringo, o Irã é terra de mulheres lindas, das branquinhas de olho azul do norte às morenas jambo do golfo Pérsico. "Deixa o pessoal lá no meu país acreditar que vivo num inferno cercado por terroristas puritanos", diverte-se um embaixador ocidental.

Já as gringas se queixam de que os homens iranianos, além de não serem tão atraentes como as mulheres, se estragam com cabelos espetados de gel e atitudes machistas. Pelo que ouvi de muitas estrangeiras, os galãs da região concentram-se em países como Turquia, Síria, Líbano e Israel.

Apesar da sexualidade mais livre do que na maior parte dos países da região, enlaces e beijos no Irã não acontecem diante de outras pessoas, nem mesmo no ambiente seguro da casa de amigos. Festas costumam servir de ponto de partida para encontros futuros, mais íntimos, que também ocorrem na ausência dos pais. Mas o roteiro pode se desenrolar ali mesmo, no decorrer do agito. Quando a casa ferve, convém não abrir a porta dos quartos sem ter certeza de que ninguém ali dentro será incomodado. Em alguns círculos de Teerã, praticam-se orgias, com participação ocasional de prostitutas, disponíveis no Facebook, por contato telefônico e, cada vez mais, nas ruas. Certa vez, enquanto eu entrevistava pessoas na rua, acabei conversando com uma mocinha simpática, em fim de adolescência, que pediu meus contatos. Instantes depois, ela já havia me enviado por e-mail fotos em que aparecia de lingerie sexy. Por curiosidade profissional, levei a conversa adiante. Após me mandar outras fotos em que aparecia totalmente nua, ela disse que poderia ir até a minha casa se eu comprasse joias para ela ou pagasse US$ 300.

Ao sair do ambiente da festa, moças precisam recolocar o véu e o mantô. Quem bebeu demais pode ter a opção de dormir no sofá, para evitar o risco de cair nas garras da polícia.

Essas festas costumam ser curtas e intensas, começando por volta das vinte e uma horas e terminando às duas horas. Afinal, as moças precisam voltar para casa cedo para não contrariar os pais. Mesmo nos meios liberais e seculares, tradições têm peso, denotando o abismo cultural entre pais e filhos.

A permissividade sexual da sociedade iraniana destoa de muitos países da região, onde tal ausência de tabus é mais rara. Um estrangeiro poderá manter facilmente relações sexuais sem compromisso com uma iraniana. Com uma iemenita, uma afegã ou uma qatariana, a chance é mínima.

Há quem atribua a relativa libertinagem a uma reação invertida às restrições morais e religiosas do Estado. Quanto maior a pressão, maior o ímpeto subversivo. Muita gente também afirma que a facilidade com que iranianos – jovens e

26 | Os iranianos

não tão jovens – fazem sexo traduz a religiosidade em queda nas novas gerações e a mudança da sociedade em geral. Faz sentido. Mas acho que a grande diferença está no papel da mulher iraniana, mais proeminente e mais inserida na sociedade do que na maior parte dos países de maioria islâmica. Apesar do clichê apontando para a direção contrária, a iraniana estuda, trabalha e tem poder significativo de decidir o que melhor lhe convém. Isso se deve a uma mistura de fatores, incluindo as políticas modernistas da dinastia Pahlavi, os altos níveis de educação e urbanização e as políticas sociais pragmáticas por parte dos aiatolás, que, por muitos anos, incentivaram o controle de natalidade. Mas esses mesmos aiatolás não esperavam que as filhas da nação dessem as costas em tamanha escala para as tradições islâmicas conservadoras. Cientes das mudanças profundas nas fundações culturais e identitárias do Irã, autoridades mantêm a pressão, especialmente contra os jovens. A polícia moral ainda persegue quem estiver vestido de maneira considerada imprópria. Isso inclui rapazes de short ou regata, sujeitos a ser levados na infame van verde e branca da repressão dos modos. Também ainda existem casos de policiais ou membros da milícia basij invadindo casas para acabar com festas e prender todo mundo. As forças de segurança ignoram solenemente mandados de busca e prisão. Processos por violar regras religiosas poucas vezes resultam em pena de prisão, mas podem causar incômodos como confisco de passaporte e multas pesadas.

O cerco aos baladeiros também é feito por meio de postos de controle espalhados pelas grandes cidades e arredores, principalmente nas noites de quarta e quinta-feira, véspera do fim de semana local. As operações costumam ficar sob controle dos milicianos basijis, reconhecíveis pelo visual que mescla botas e calças militares com lenço do tipo palestino, branco e preto quadriculado, amarrado ao pescoço. Eles param e revistam carros a procura de jovens "imodestos", bebidas e drogas. Um flagrante pode levar à delegacia e motivar processo. Mas como o Irã é o outro país do jeitinho, uma conversa bem calibrada pode servir para livrar a cara. Subornos são comuns. Uma garrafa de cerveja ou um dedo de maconha às vezes são suficientes para livrar jovens infratores de uma noite na delegacia. Em outros regimes moralmente opressores, como Emirados Árabes Unidos ou Qatar, não há conversa que resolva. Mais um sinal do constante jogo de aparências que caracteriza a dinâmica social iraniana.

O PAÍS DA MENTIRA

Muitos iranianos admitem que sua reputação de mentirosos é amplamente justificada. A sinceridade tende a ser vista como algo secundário diante do imperativo de manter as aparências, preservar as interações sociais e garantir a sobrevivência. Estrangeiros ficam estarrecidos com a facilidade de faltar com a verdade dos iranianos. Para declinar um convite, um iraniano contará que ficou doente (um clássico) ou precisou buscar a tia no aeroporto. Ao mostrar o apartamento a um potencial inquilino, o proprietário dirá que o conjunto está em perfeito estado, mesmo sabendo que o encanamento explodirá em semanas. No mesmo ramo imobiliário, em que muitos gringos quebram a cara, é comum um corretor jurar que o negócio está fechado e, dois dias depois, enrolar para explicar que assinou com outra pessoa. Presenciei um caso em que a família não quis dizer a uma jovem que estudava em outra cidade que seu pai estava internado em estado grave após um acidente de carro. "A coitada iria sofrer demais se disséssemos a verdade. Para preservá-la, contamos apenas que o pai dela não estava se sentindo muito bem", relatou uma amiga da moça. Também conheci uma mulher que era a única a não saber que tinha câncer. O marido comandava um esquema de mentira que incluía até visitas ao médico, cuja equipe era toda orientada a fingir que se tratava de um caso qualquer de doença.

Nas demonstrações de afeto entre parentes e amigos, nem os próprios iranianos conseguem distinguir o sincero do fingido. "No Irã você nunca sabe quem realmente está do seu lado. Todo mundo é falso, todo mundo age com segundas intenções", me disse um taxista.

O Estado não só não foge à regra como pisa fundo no acelerador. Todo governo mente, mas os autoritários, alheios à fiscalização da imprensa livre, fazem isso em escala exponencial. Ninguém em sã consciência acredita nas estatísticas oficiais iranianas. No melhor dos casos, elas são próximas da realidade. Dados econômicos são mais difíceis de maquiar, já que tratam de aspectos tangíveis na vida da população. Mas quando algum dirigente admite que a inflação está em 39%, a maioria dos economistas garante que a cifra real é ainda maior. No tema nuclear, o próprio governo admitiu mentir. Em 2012, o então vice-presidente da Agência Iraniana de Energia Atômica, Fereydoon Abbas-Davani, reconheceu, em declarações ao jornal panárabe *Al Hayat*, ter enviado informações falsas às autoridades nucleares da ONU para despistar espiões que costumam se abastecer nos relatórios técnicos dos inspetores. "Às vezes fingimos ser mais fracos do que realmente somos, e outras vezes mostramos uma força que na verdade não tínhamos."

A ideologia oficial está toda impregnada de mentira. Seriados e filmes da TV estatal retratam apenas famílias religiosas e mulheres que usam o chador dentro da própria casa. "Essa imagem projetada é ridícula. Até o governo sabe que ninguém vive dessa forma", me disse um taxista. Quando alguém é entrevistado pela mídia oficial, as respostas seguem um sonolento e previsível roteiro na direção apontada pelo regime. Como é lindo tal programa do governo, como é maravilhosa a República Islâmica.

Muitos argumentam que a mentira é um vício resultante do convívio com a cultura supostamente imoral e perversa dos invasores árabes – sempre eles, como se fossem culpados por todos os males do mundo.

Há quem diga, ainda, que o hábito tem respaldo religioso. Por serem majoritariamente xiitas, os iranianos há séculos formam uma facção minoritária e vulnerável perante sunitas dominantes. Em virtude do conceito de taqqyia, que permite dissimulação para fins de proteção, xiitas podiam se fazer passar por sunitas em nome da autodefesa.

Adversários do governo argumentam que o decreto do líder supremo, aiatolá Ali Khamenei, banindo o uso de armas nucleares não passa de taqqyia. A lógica se sustenta, ao menos no campo teórico, já que o Irã está situado numa região de tensão permanente e vive próximo a três potências nucleares – Israel, Paquistão e Índia. Por que não enganar o mundo, se isso for necessário à preservação dos interesses da nação?

Iranianos costumam dizer que essa disposição em mentir acentuou-se com a chegada do regime islâmico, que empurrou as pessoas para uma vida clandestina ao impor tantas e tão severas restrições morais e sociais. Muita gente me explicou que os persas são menos conservadores que os árabes e, por isso, não aderiram ao modelo imposto pela teocracia islâmica. Quem levava uma vida secular não mudou de hábitos, apenas passou a se esconder. E essa necessidade teria resultado na generalização em larga escala de uma vida paralela. Beber e namorar, só dentro de casa. Crianças sabem desde cedo o que responder quando o professor pergunta se os pais têm bebida alcoólica escondida no armário da sala. Durante o mês de Ramadá, funcionários públicos a serviço do Estado teocrático juram fazer o jejum, mas se escondem no banheiro para tomar um golinho de água ou engolir uns biscoitos.

O problema é que o pretexto da autodefesa não cola, ao menos na perspectiva ocidental, para justificar as infinitas e irritantes mentirinhas do dia a dia. A história mais emblemática aconteceu comigo em 2012, quando estávamos uma amiga e eu conversando num café de Teerã. Aceitando a sugestão do garçom, ela pediu um coquetel de frutas recém-inserido no cardápio da casa. No primeiro gole, ela fez cara de asco. Pedi para provar, e estava mesmo nojento. Quando o mesmo garçom perguntou o que tinha achado do pedido, a moça respondeu: "Estava divino, obrigada". Estupefato, perguntei por que ela não havia respondido com sinceridade. A moça riu. "Não fará a menor diferença. É melhor eu dizer que gostei. No Irã é assim."

TAAROF: A ETIQUETA COMO JOGO

A aceitação implícita da mentira é indissociável do curioso conjunto de regras e comportamentos que norteiam as relações sociais no Irã: o taarof.

A palavra vem do árabe e remete originalmente ao ato de conhecer e se familiarizar com alguém. Mas os persas desviaram o sentido e apelidaram de taarof um código de etiqueta incontornável carregado de reverência e pretensa gentileza, que não deixa margem alguma para a espontaneidade nas condutas interpessoais. Uma espécie de jogo com resultado combinado.

Taarof é quando o vendedor, o taxista ou o garçom diz ao cliente que não precisa pagar por se considerar "pequeno diante de sua presença" ou "honrado" demais para aceitar dinheiro. Taarof é um funcionário se oferecer para trabalhar de graça para o novo patrão. Ou homens se empurrando pelo braço diante de alguma porta para ceder ao outro o privilégio de entrar primeiro. Em casos extremos, um iraniano poderá lhe oferecer algum objeto pessoal de valor, como um tapete ou uma peça de roupa cara. "Sirva-se, por favor, aceite meu presente." Pura retórica. Se você aceitar, estará quebrando as regras do jogo, criando constrangimento geral.

Taarof supõe que todas as partes entendam os limites da conversa. O taxista quer, sim, receber pela corrida. O patrão correto não aceitará que o empregado trabalhe de graça. A pessoa mais velha há de abrir mão do empurra-empurra diante da porta e aceitar entrar primeiro para pôr fim à peleja. E você deverá declinar o casaco de marca oferecido, mesmo que seu dono insista, com caloroso sorriso, que é de coração.

Estrangeiros ficam confusos. Certa vez, uma iraniana contratada como intérprete de um americano convertido ao xiismo que visitava o Irã me contou a seguinte história. Ao visitar uma loja numa cidade do interior, o americano disse ao vendedor que achava bonito seu relógio. Conforme manda o taarof, o rapaz imediatamente tirou o objeto do pulso e o entregou ao visitante, dizendo que era presente. Feliz da vida, o gringo apanhou o relógio, agradeceu e foi embora. O vendedor alcançou o americano e então explicou, sem jeito, que a oferta era só "maneira de falar".

Outra dificuldade para os estrangeiros é perceber que o taarof também pode ser usado para camuflar um "não", resposta vista como ofensiva e desrespeitosa. Passei quatro anos insistindo num pedido de entrevista com o presidente Mahmoud Ahmadinejad. Ouvi de seus assessores que ele estava sem tempo, que passaria um período priorizando a TV em vez de jornais impressos, que estava prestes a viajar. Toda vez que eu ressuscitava o pedido, o gabinete presidencial dava nova versão. Bobeira minha não ter entendido antes que Ahmadinejad simplesmente não falaria comigo.

O jornalista e escritor inglês Christopher de Bellaigue relatou experiência semelhante em artigo na revista *The Atlantic*, em 2012. Casado com uma iraniana, ele se candidatou à cidadania local para livrar-se das burocracias de visto e poder transitar livremente pelo país da mulher. De Bellaigue passou anos ouvindo das autoridades que o processo caminhava bem. Ofereciam-lhe chá e biscoitos. Perguntavam por sua família e o recebiam sempre com afagos. Até hoje ele continua esperando uma resposta, que provavelmente nunca virá. "Taarof é o oposto de dizer que uma pá é uma pá; a vida é tão mais bonita sem más notícias", contou.

Se visitar o Irã, não estranhe se for chamado de "doutor" por pessoas que sabem muito bem que você não é médico nem tem PhD. Também evite impressionar-se com o excesso de elogios e mimos. É somente uma forma de polidez.

Um estrangeiro ocidental conta a seguinte história: "Na primeira viagem que fiz com um colega de faculdade pelo Irã, fomos até sua cidade natal, perto de Isfahan. Chegando lá, fui gastar meu ainda parco persa ao me apresentar à sua família. O pai dele disse: 'Puxa, você já está falando bem, meus parabéns'. Meu amigo riu e, com deboche, respondeu: 'Pai, não sei quem é pior, o senhor, por fazer taarof com meu amigo, ou ele, que até agora só aprendeu a fazer taarof'. Cinco minutos gargalhando!"

O taarof diz muito sobre a mentalidade complexa e sinuosa dos iranianos, que parecem cultuar a ambiguidade em tudo. Isso afeta até as negociações nucleares. Durante reuniões a portas fechadas, diplomatas iranianos abusam das metáforas, dissertam sobre poesia e cortejam com desconcertante amabilidade seus interlocutores, que se descabelam tentando engatar diálogo mais objetivo. No mundo dos negócios, ocidentais têm dificuldade em separar propostas reais e *pro forma*.

Iranianos não veem problema nisso. A maior parte considera o taarof uma maneira de interação social respeitosa e elegante. Atropelar ou ignorar o taarof é visto como grosseria, perdoável apenas para estrangeiros.

Um pesquisador brasileiro, profundo conhecedor do Irã, resume a prática da seguinte maneira: "Em uma sociedade que se estrutura em cima do taroof, nenhuma relação é verdadeira ou profunda, tudo se resume a um contrato social para ninguém sair matando o próximo, que é a verdadeira vontade do iraniano. É só observar como dirigem, por exemplo. Basta pegar no volante para, de príncipes, transformarem-se em feras. Tudo muito frágil e superficial. Vire as costas, e o taroof é instantaneamente substituído por fofoca e falsidade sem iguais. Tanta polidez e presepada escondem, na verdade, intolerantes relações sociais."

NAÇÃO DE POETAS

Poucos países têm uma conexão tão forte com a poesia quanto o Irã. Grandes poetas como Omar Khayyam, Hafez e Saadi estão entre os mais venerados heróis

Considerado um dos grandes heróis nacionais, o poeta Hafez está enterrado em Shiraz, sul do Irã. Seu túmulo é ponto de romaria que atrai gente de todo o país, refletindo a paixão dos iranianos por poesia.

nacionais. Suas tumbas são mausoléus que atraem romarias de peregrinos vindos de todo o país. Em praticamente toda casa iraniana há um livro de poesia ostentado em lugar de destaque, na estante da sala ou na cômoda do quarto. A maior parte dos iranianos sabe ao menos alguns versos das obras mais conhecidas. Sob os arcos das sublimes pontes de Isfahan, pessoas se reúnem ao entardecer para declamar versos. Em todas as idades e classes sociais cultiva-se o hábito de escrever poesia, quase sempre melancólica. Em vários cafés de Teerã, clientes são incentivados a rabiscar poemas em *post-its* ou guardanapos, que acabam pregados na parede ou inseridos debaixo do vidro que cobre as mesas.

A fala do dia a dia é permeada por expressões poéticas, como "caminhe sobre meus olhos", para dar boas-vindas a um convidado, ou "fez-se luz nos teus olhos", para saudar quem acabou de ter filho. Quando alguém pede desculpas por dar as costas a alguém no trem ou no avião, a pessoa deverá responder: "uma flor [como você] não tem frente nem verso".

Na primeira vez em que estive no Irã, em 2009, uma jovem de olhos claros me deu seu número de telefone num pedaço de papel rasgado, no qual ela havia rabiscado versos em farsi. Ela foi embora sem traduzir. Como perdi o recadinho, nunca soube o que estava escrito.

O culto à poesia deriva, em grande parte, da importância dos grandes autores na construção da identidade nacional. O maior de todos é o lendário Ferdowsi (940-1020), a quem se atribui nada menos que o resgate da língua persa num momento em que a influência árabe se infiltrava e se apropriava de todas as esferas da vida cultural e artística iraniana. Resistindo à pressão dos invasores, Ferdowsi escreveu uma obra-prima que contém as bases linguísticas e gramaticais daquilo que se tornaria o farsi moderno, o *Shahnameh* (livro dos reis). Trata-se de uma gigantesca coletânea que reúne 50 mil versos, na qual Ferdowsi narra a epopeia dos persas desde a criação do mundo até a conquista islâmica, no século VII. A redação do *Shahnameh* levou mais de 30 anos.

No entanto, o poeta mais popular e mais presente na casa dos iranianos é Hafez (1325-1390), um profundo devoto muçulmano com alma boêmia.

Khajeh Shamseddin Mohammed ganhou o apelido de Hafez (aquele que decorou) após memorizar todo o Corão. Mas seus versos estão repletos de odes às mulheres e à embriaguez. Sua obra inspirou vários pensadores ocidentais, entre eles o alemão Goethe, notório admirador do poeta persa. Hafez está enterrado na sua cidade natal, Shiraz, berço da uva homônima, de onde praticamente nunca saiu. Romeiros até hoje se recolhem diariamente em seu mausoléu, rezando, declamando versos ou chorando. A sepultura de Hafez é um dos locais mais visitados do Irã.

Omar Khayyam (1048-1131) é mais conhecido no Ocidente graças às múltiplas traduções de *Rubayat*, coletânea de poemas complexos e delicados. Aos olhos iranianos, porém, Khayyam era antes de tudo um matemático e astrônomo que se dedicou ao estudo do calendário e da álgebra.

Outro poeta iraniano famoso nos países ocidentais é Rumi (1207-1273), adepto do misticismo sufi e considerado um dos fundadores da confraria Mevlevi de dervixes rodopiantes.

A ARTE DO PIQUENIQUE

No Irã, o piquenique é elevado a patamares inéditos de conforto e fartura. Trata-se de uma paixão nacional, cuja temporada costuma começar em março, quando o frio dá uma trégua e os dias ficam mais longos. Há piqueniques na montanha, na praia, na floresta, no deserto, à beira da estrada e até à beira da via expressa. Mas o palco ideal são os verdejantes e bem cuidados parques que abundam nas grandes cidades. Opção de lazer gratuita e confortável – afinal, o tipo de grama que predomina no Irã é fino e macio, semelhante ao europeu.

Família faz piquenique no parque de Bagh-e Shazde, um palácio do século XIX transformado em jardim municipal, nos arredores do Kerman, leste do Irã. O piquenique tem *status* de paixão nacional no país.

34 | Os iranianos

Num país onde discotecas e bares são proibidos, iranianos recorrem a piqueniques para paquerar. Mas o flerte deve ser discreto para não chamar a atenção da polícia moral, que, de moto ou bicicleta, patrulha áreas verdes à caça de comportamentos "imorais". Meninos e meninas sem vínculos maritais ou familiares se expõem a reprimendas policiais – ou a uma enquadrada do juiz – se forem flagrados em cenas de afeto efusivo.

Mas o piquenique é, antes de mais nada, uma prática familiar. Pelo roteiro mais comum, cobertores, toalhas ou tapetes são estendidos no chão, um ao lado do outro, formando a base sobre a qual são colocados pratos de vidro ou porcelana, além de talheres de metal. Plástico, só como último recurso. Os alimentos quentes costumam ser preparados em churrasqueiras improvisadas. A atração principal é sempre o kebab, espeto de carne que se declina em subgêneros, de carneiro ou de frango, moído ou em pedaços. Também não podem faltar arroz, salada, frutas e caixas de doces, além da bandeja do chá, com copos de vidro e chaleira fumegante. Jovens costumam trazer o kit para fumar narguile. É comum a instalação de cadeiras de praia, almofadas e cobertores para a soneca depois do almoço. Em casos extremos, montam-se até barracas. Quando o espaço ao redor permite, participantes do piquenique jogam futebol ou, mais comum para as mulheres, vôlei.

Refeições ao ar livre podem se estender por um dia inteiro e resultar às vezes em fusão momentânea de famílias, caso o papo engate com o piquenique ao lado. É comum oferecer doces e frutas a quem estiver passando por perto.

Piqueniques ocorrem até mesmo no Ramadá, mês sagrado em que muçulmanos devem se abster de comer, beber e fumar enquanto houver sol. Mas nesse período os adeptos se escondem nas montanhas e florestas para comer sem ser incomodados pela polícia moral.

HOSPITALEIROS E AFÁVEIS

Se a população de alguns países tende à xenofobia, os iranianos demonstram o sentimento oposto: a xenofilia. Estrangeiros costumam ser recebidos de braços abertos e paparicados por onde quer que andem, inclusive nos meios mais religiosos ou alinhados ao regime. Praticamente não há registro de violência contra turistas.

Qualquer consulta em sites e blogs de turismo mostra que quem visitou o Irã geralmente voltou para casa encantado com a gentileza e hospitalidade local. Não estranhe se, ao visitar o país, pessoas o abordarem para puxar papo, tirar foto ou entregar uma flor. Na maioria das vezes, não há nenhuma intenção além de ser amável, ao contrário de outros países, onde a simpatia pode esconder segundas intenções. A gentileza iraniana às vezes se torna um problema para os ocidentais, que preferem não ter tanta gente querendo agradar e conversar o tempo todo.

"Amo o povo iraniano. Me trataram como um rei, melhor do que a minha família. Em muitos momentos me emocionei com o humanismo, a simplicidade e a pureza de muitas e muitas pessoas que conheci no Irã", me escreveu um leitor baiano.

"A hospitalidade é o traço da nossa cultura do qual mais me orgulho", diz o empresário Mahdyar H. "Somos os verdadeiros mestres da hospitalidade", insiste, num típico ímpeto ufanista.

Todos são bem-vindos, mas a verdade inconveniente é que ocidentais caucasianos têm a preferência. Árabes, turcos e asiáticos não geram a mesma fascinação, embora também sejam objeto de atenção e interesse.

Não se assuste se, ao visitar o país, alguém pedir seus contatos pessoais logo nas primeiras frases trocadas. Reflexo de um quê de cândida ingenuidade que prevalece em parte da sociedade local. Brinca-se entre expatriados em Teerã que a conversa com um iraniano recém-apresentado sempre começa com: "Você está no Facebook?". É comum jovens pedirem para tirar foto com turistas e tentarem praticar inglês perguntando qual a opinião do visitante sobre o Irã. Mesmo quem não domina idiomas estrangeiros arriscará um *"Iran good?"*. Não são raros os casos de paquera entre gringos e locais, inclusive por iniciativa das iranianas.

É comum visitantes estrangeiros serem convidados a almoçar na casa de comerciantes ou novos amigos. Mesmo a malandragem ocasional com turistas se dá em menor escala que na maioria dos países do Oriente Médio. Como em muitos países, taxistas ou vendedores tendem a cobrar do gringo uma tarifa maior, mas a trapaça dificilmente merece notificação à polícia.

Esse afã dos iranianos em agradar o estrangeiro reflete, ao menos em parte, a contrariedade gerada pela péssima imagem externa da República Islâmica, que alimenta profundos questionamentos de identidade.

Uns fazem questão de externar a frustração por viver sob regime tão repressor e tão incendiário no plano internacional. "Desculpe pelas bobagens que o meu governo faz e diz", afirmam alguns, sem pudor. São esses mesmos iranianos que insistem em oferecer bebida alcoólica e levar o gringo a noitadas privadas na tentativa de emplacar a visão de uma sociedade moderna em descompasso com seus dirigentes. Nostálgicos do xá e críticos mais ferrenhos do regime encaixam-se nessa categoria.

Outra parcela da população não entende por que o mundo não consegue enxergar a grandeza absoluta e intrínseca da nação iraniana para além das questões políticas. *"Iranian people good, government no good"*, repetem taxitas de Teerã num inglês quebrado.

36 | Os iranianos

Há, ainda, os iranianos que creem num grande complô ocidental para impedir o país de retomar seu devido lugar no rol das superpotências históricas. É um sentimento comum entre simpatizantes da teocracia, que se dizem vítimas da política de dois pesos e duas medidas do Ocidente. "Por que incomodam o Irã, que não tem a bomba, e não dizem nada sobre os arsenais atômicos de Israel e Paquistão, países que ignoram convenções de desarmamento?", martelam entusiastas do regime islâmico.

Em comum, a vontade de mostrar a "verdadeira face do Irã". Todo iraniano tende a se portar como embaixador ou representante oficial de seu país.

PREGUIÇOSOS E ENROLADOS

Uma queixa comum entre os estrangeiros residentes no Irã é a péssima qualidade dos serviços e do atendimento. Vendedores não demonstram o menor interesse pelo cliente. Garçons não sabem ou não gostam de responder perguntas sobre o cardápio. Técnicos e entregadores jamais chegam na hora marcada. Eu mesmo passei por poucas e boas com as sucessivas moças que contratei como assistente. Até patrões iranianos admitem grande dificuldade em encontrar funcionários dedicados, que cumpram horários e não inventem desculpas a toda hora para faltar ao serviço. Prevalece a lei do menor esforço em busca do resultado minimamente aceitável. O gerente de um dos hotéis mais luxuosos de Teerã diz ter infartado, em 2013, tamanho o desespero diante da má vontade das recepcionistas.

A exemplo dos brasileiros, iranianos não veem problema em infringir regras, como mostra a total incapacidade de respeitar filas ou, pior, as leis básicas de trânsito. Motoristas fecham sem dar seta. Ou a ligam apontando para um lado e viram para o outro. Já vi gente dando ré em balão e táxis parando no meio da via expressa para pegar passageiro. Tão banal que ninguém se dá o trabalho de buzinar. Carros circulam alheios ao traçado das faixas. Motocicletas disputam espaço com pedestres na calçada. Iranianos acham a coisa mais normal do mundo falar ao celular ou mandar SMS enquanto dirigem.

A desorganização generalizada contamina todos os níveis de funcionamento do país. Apesar de sua construção recente (2004), o aeroporto internacional Imam Khomeini, em Teerã, é um inferno de filas caóticas e atendentes antipáticos. No mundo empresarial, estrangeiros precisam de paciência ilimitada para lidar com burocracia, trâmites e atrasos de todo tipo. A falta de pontualidade no dia a dia é tão comum que se institui uma advertência chamada "horário iraniano", pela qual fica implícita a alta probabilidade de atraso no encontro marcado. Se você for convidado a uma festa marcada para as vinte horas, nunca apareça antes das vinte e duas horas. Se chegar na hora, constrangerá os anfitriões, pois nada estará pronto.

Até mesmo alguns eventos internacionais promovidos a grande custo financeiro pelo regime acabam irritando participantes devido à combinação de horários trocados, decisões de última hora e tradutores despreparados.

Talvez por formarem um país com predominância de classe média, onde não há miséria em larga escala, iranianos ostentam um orgulho difícil de entender sob a perspectiva brasileira. Muita gente prefere permanecer no desemprego a trabalhar em tarefas consideradas degradantes, como construção e limpeza urbana. Quem executa essas funções nas grandes cidades costumam ser imigrantes afegãos.

Ao contrário dos árabes, iranianos costumam não dar margem para pechincha e tampouco se esforçam para agradar e cativar o cliente, com a notável exceção dos sempre argutos vendedores de tapete. Mesmo em tempos de crise econômica, taxistas se dão ao luxo de recusar corridas, caso o trajeto não lhes seja conveniente. O jardineiro de uma embaixada ocidental certa vez irritou-se com o embaixador e lhe devolveu o dinheiro do salário, jogando o envelope sobre a mesa no momento em que o diplomata recebia convidados. Outro embaixador teve que ouvir de sua empregada doméstica que ela não trocaria a água da cafeteira porque tal tarefa não lhe cabia.

Por mais amáveis e suaves que sejam, iranianos têm forte propensão à soberba. Aceitam crítica com dificuldade e muitas vezes apelam para o velho truque de culpar o outro, o azar, as circunstâncias. Se o taxista errar o caminho, a culpa é sempre do cliente, que não explicou direito. Num dia em que minha internet caiu, pela enésima vez, o atendente do suporte telefônico insistia em dizer que seu monitor indicava funcionamento normal da conexão no meu endereço. Após muita insistência, consegui um técnico, que levou uma hora consertando o problema que o atendente ao telefone dizia existir somente na minha cabeça. Uma agência de notícias internacional certa vez ouviu o seguinte absurdo de um candidato a uma vaga de cinegrafista: "Sou tão bom que não preciso passar por este teste sem sentido".

Cobranças e questionamentos podem soar como ofensa e levar a discussão ou birra. Daí deriva certa dificuldade de os iranianos trabalharem em grupo. Eles mesmos se divertem com uma hipérbole comparativa que se tornou um clássico nos meios científicos e acadêmicos: "Um iraniano sozinho vale mais do que cinco japoneses, mas cinco iranianos juntos não valem um japonês".

Existe, ainda, uma visão extrema de que iranianos seriam covardes e egoístas. Entre as pessoas com quem convivi, o adepto mais ferrenho dessa perspectiva era meu cabeleireiro, Behrooz. "Iranianos não têm coragem de enfrentar as balas como os líbios e os sírios fizeram ao se revoltar contra seus ditadores. Em 2009, fomos às ruas protestar contra a eleição, mas bastaram alguns relatos de manifestantes estuprados na cadeia para que todo mundo voltasse para casa. Cada um só pensa no seu." Bem ao estilo poético de seus conterrâneos, Behrooz costuma dizer que "um fio de cabelo sírio tem mais valor que todo o povo iraniano".

HÁBITOS SAUDÁVEIS...

Apesar da vida corrida e cada vez mais ocidentalizada, iranianos relutam em aderir aos pratos congelados e à *junk food*. O Irã ainda é um país de comida preparada na hora, com ingredientes frescos. Nas pausas para almoço em horário comercial, quem não pode ir até o restaurante tradicional da esquina recorre à marmita com refeição de casa. Escritórios e repartições públicas costumam ter geladeira e forno micro-ondas. Por volta das treze horas, um cheiro de comida caseira invade praticamente todos os ambientes de trabalho. Nos fins de semana, pessoas cozinham em casa ou fazem

Restaurante tradicional no bazar de Tajrish, norte de Teerã. Muitos iranianos ainda relutam em aderir à comida congelada e pré-pronta.

churrasquinhos acompanhados de arroz branco soltinho. Os pratos nacionais são leves e não contêm quase nada de gordura, como veremos no capítulo final.

Basta dar uma olhada nas prateleiras dos supermercados e vendas de esquina para notar a escassez de opções de comida congelada ou processada. Pelo que provei, a qualidade dos alimentos industrializados iranianos deixa muito a desejar. Nuggets locais são intragáveis, assim como muitos enlatados. Talvez o nicho seja modesto demais para produzir num padrão superior, inevitavelmente mais caro. Também costumam ser um horror as lanchonetes e pizzarias que proliferam nas cidades grandes. O sucesso desses lugares se explica não pelo padrão do que é servido, mas pelo fato de serem pontos descolados que jovens frequentam para ver e ser vistos. Comer hambúrguer ou panini é tido como algo moderno e irreverente.

Por preferirem alimentos saudáveis, iranianos tendem a ser magros, as mulheres principalmente. Obesos são raridade. Todo mundo toma refrigerante, mas em quantidade amplamente menor do que no Brasil ou nos Estados Unidos. O dia de um iraniano é ritmado pelo chá, não pelo café, mais nocivo. Bebida alcoólica é consumida por muita gente, e Teerã já tem um centro para tratar o alcoolismo. Mas a proporção de pessoas que bebem é menor do que em países ocidentais ou asiáticos, e quem bebe o faz de forma ocasional, em festas ou reuniões de amigos. A taxa de consumo de álcool puro entre adultos gira em torno de 1 litro *per capita* por ano, segundo dados da Organização Mundial da Saúde (OMS) compilados em 2008. Dez vezes menos que no Brasil. Na Bielorrússia, são 19 litros por ano.

Chama a atenção, ainda, a baixa proporção de fumantes, num contraste flagrante com países vizinhos, árabes principalmente. Em 2009, a taxa de tabagismo entre homens adultos no Irã era de 26%, de acordo com a OMS, contra 40% no Egito, 29% em Israel e 36% na França. Estudos alertam que a proporção de jovens e mulheres que fumam no Irã está em alta. O problema é agravado pelos cigarros contrabandeados de péssima qualidade que inundam o mercado. Mesmo assim, prevalece a impressão geral de um país sem grande paixão pelo tabagismo. Esse sentimento é reforçado pela proibição de fumar em restaurantes, cafés, hotéis e repartições públicas, imposta em 2007. Mulheres podem fumar, mas evitam fazê-lo na rua. Não há estatísticas sobre o consumo de narguile, mas a prática me parece muito menos difundida no Irã do que em outros países da região.

A lista de hábitos saudáveis no país inclui, ainda, uma inclinação em larga escala por atividades esportivas, de preferência ao ar livre e sem espírito de competição. Para os iranianos, praticar atividade física é uma maneira de manter a forma e relaxar. O sucesso dos parques públicos se mede pela movimentação em torno das máquinas de exercícios físicos instaladas pela prefeitura. Em praticamente toda

Iranianos jogam vôlei no parque Mellat, em Teerã. Muita gente no Irã pratica esporte ao ar livre, mais pelo lazer saudável do que pelo espírito de competição.

área verde há aparelhos de metal, geralmente pintados em cores vivas, semelhantes a equipamentos de academia de ginástica. São instalações para trabalhar peitorais, pernas, ombros e braços. Uso livre e gratuito. Os adeptos mais frequentes são pessoas de meia idade. A maioria são homens, mas mulheres também disputam os aparelhos, vestidas com agasalhos para manter o corpo coberto. Short ou bermuda nem pensar. O véu, obviamente, deve ser mantido. As restrições indumentárias se aplicam em qualquer circunstância, e a polícia moral dedica atenção especial às áreas verdes.

Parques costumam ter pistas de *cooper*, cujo movimento se intensifica nos feriados ensolarados. Muita gente corre ou caminha com fone de ouvido. Bicicletas, vetadas para mulheres, são raras no Irã. Praticamente não existem ciclovias, e o ar das grandes cidades é poluído demais para pedalar junto aos carros.

Num país cortado por cordilheiras de norte a sul, leste a oeste, passeios em montanhas e trilhas estão entre as atividades externas mais comuns. Nos fins de semana, as trilhas ficam cheias a partir das seis horas da manhã. Essas caminhadas na natureza pontiaguda constituem uma das facetas mais democráticas e representativas da sociedade iraniana. De mocinhas maquiadas em rosa-choque e usando salto alto (!) até velhos casais mochileiros, a diversidade social é um dos pontos altos de qualquer passeio na montanha. Quanto mais se sobe, menos gente à vista. Quanto menos gente, mais silencioso e agradável o caminho. Por causa do véu, a empreitada é mais difícil para as mulheres. Algumas aproveitam a solidão das alturas para retirá-lo. A montanha é cultuada como valioso espaço de liberdade. Mas há mulheres que guardam o véu mesmo em subidas íngremes. Só pessoas aguerridas aguentam, em meio a oxigênio rarefeito, as longas horas que separam o início das trilhas da chegada ao topo. Quando me arrisquei nessas escaladas, fui muitas vezes surpreendido por idosos e idosas, com bastões e botas de alpinismo, que pareciam saltitar entre as pedras, tamanha agilidade e experiência. Iranianos são mestres das montanhas. O próprio líder supremo, aiatolá Ali Khamenei, adora se aventurar

Longe dos olhares da polícia moral, modelo tira o véu obrigatório para fazer ensaio nas montanhas que cercam Teerã. A natureza é vista pelos iranianos como espaço de liberdade.

Apu Gomes

pelos picos que cercam Teerã. Seu antecessor, aiatolá Ruhollah Khomeini, também era montanhista dos bons. Talvez por isso as trilhas tenham se tornado opção de lazer muito popular entre milicianos basijis, que podem ser vistos caminhando em grupo e, às vezes, até acampando em algum vale. Lembram excursões de escoteiros, com a diferença que os basijis, embora gentis com quem cruzam pelo caminho, são o terror das moças que aproveitam o sossego da montanha para tirar o véu.

A montanha também é o paraíso dos esportes de inverno. A burguesia de Teerã e dos arredores tem paixão pelo esqui, praticado em estações como Dizin e Chemchak, repletas de chalés em estilo europeu. A infraestrutura é antiga, mas funcional. Ocidentais se surpreendem com o bom nível dos esquiadores iranianos.

Iranianos têm paixão por atividades em montanhas. Num bairro adjacente, no norte de Teerã, encontram-se trilhas movimentadas e um teleférico que leva à estação de esqui no monte Tochal, a quase 4.000 metros.

Camadas sociais mais populares têm gostos esportivos semelhantes aos do Brasil. Peladas de rua existem, principalmente no interior, mas a especialidade dos iranianos é o futebol de salão. Não faltam quadras nem craques de bairro. Vôlei e basquete também são praticados, em menor escala. Vários clubes e hotéis têm piscina, mas em horários separados para homens e mulheres. Academias de ginástica e musculação, que caíram de vez no gosto dos iranianos, também funcionam de forma segregada. Na Golestan Fitness, perto de onde eu morava, a manhã era reservada às mulheres. No meu horário, o ambiente era idêntico ao de qualquer academia de bairro no Brasil: batidão em volume desesperador, fortões monopolizando máquinas e conversas sobre tríceps e suplemento alimentar.

... MAS HIGIENE IRREGULAR

O islã tem regras para cada passo da vida dos seus seguidores, inclusive para a higiene pessoal. Manter-se limpo por fora é tão crucial, aos olhos de Deus, quanto preservar o espírito imaculado. Antes de cada uma das orações diárias, o muçulmano deve fazer suas abluções, ritual que consiste em purificar o corpo. Na prática, isso equivale a passar água nas mãos, braços, rosto, pescoço e pés numa sequência padronizada. Menos frequente, outra versão da purificação, obrigatória para quem teve relações sexuais, supõe um banho mais completo. Em média um muçulmano deve se limpar cinco vezes ao longo do dia, ou seja, uma vez para cada oração diária. O problema é que alguns fiéis levam esse ritual ao pé da letra e julgam dispensável completar a higiene com uma ducha diária. "Para parte dos iranianos, estar limpo significa cumprir com as abluções", diz um jornalista gringo, profundo conhecedor do Irã.

Não são apenas os devotos que atropelam a lavagem corporal completa. Muita gente não considera indispensável o banho diário, principalmente em tempos de inverno gelado. Some-se a isso um uso pouco disseminado de desodorante, e o resultado é um ambiente que pode se tornar desagradável em locais públicos. Usar transporte público em horário de pico, em particular os vagões abarrotados do metrô, pode ser uma experiência traumática. Algumas mesquitas, embora impecavelmente limpas, padecem do odor de fiéis que ficaram só nas abluções. O ar também pode se tornar irrespirável se você estiver trancado ao lado de um taxista relapso ou apertado no meio de uma manifestação. Um dos meus momentos mais críticos envolveu um guia turístico escalado por um amigo agente de viagens para me cicerronar numa cidade do interior. O rapaz, por sinal sério e competente,

44 | Os iranianos

passou três dias com a mesma roupa e o mesmo penteado de cabelo, petrificado de sebo. O calor tornava tudo muito mais difícil. Ao final da estadia, eu já não conseguia chegar perto dele.

O desconforto para pessoas acostumadas ao padrão brasileiro também surge nos banheiros públicos por todo o Irã, onde predomina o estilo turco – ou persa. É o famoso buraco no chão, disseminado do Marrocos ao Afeganistão, do Mali a Hong Kong. Adeptos garantem que o sistema é mais higiênico, pois não implica encostar a pele em nenhuma superfície usada por outra pessoa. Faz sentido. Mas quem não está acostumado sofre. O maior problema, para ocidentais, é o processo de limpeza que sucede o ato. Em banheiros turcos, o usuário geralmente tem à disposição uma mangueira com chuveirinho na ponta ou, em casos mais desafiadores, uma simples torneira. Papel higiênico é opção raríssima. Não há sequer gavetinha ou compartimento para o rolo. Convenhamos que o papel se desmancharia com facilidade por causa da água que jorra por todo canto na hora da limpeza. O efeito colateral dessa prática é que o chão de banheiros públicos vive encharcado. Inclusive em cafés, restaurantes e aeroportos. Quanto mais um toalete é usado, maior o nível de água – às vezes, a meia altura da sola. Em alguns lugares, a situação é mais crítica, já que a água, além de não ser escorrida com a devida frequência, costuma ficar imunda por conta da sujeira que se solta dos calçados dos usuários. Um lamaçal marrom que põe à prova a capacidade de resistência de muitos ocidentais. Banheiros turcos dentro das casas costumam ser mais sequinhos, já que os usuários passam rodo para escorrer a água até o ralo, amenizando parcialmente a impressão de alagamento. Construções mais recentes, prédios, hotéis ou residências, costumam ter privadas no estilo que conhecemos, além de papel higiênico.

Dito isso tudo, ainda coloco o Irã na categoria dos países intermediários em matéria de higiene e limpeza. Bem atrás do Brasil, mas muito à frente da Índia, do Egito ou... da França.

Iranianos podem ser ocasionalmente relapsos com banho ou desodorante no dia a dia, mas nunca em ocasiões especiais, como casamentos ou aniversários. Adoram se enfeitar e se perfumar, homens inclusive. O Irã é um país de gente vaidosa e intrometida, onde todo mundo vive se medindo de cima a baixo. Aparência desleixada, roupa suja ou mau cheiro são imperdoáveis em certos ambientes. Além disso, a etiqueta social é extremamente rígida com questões fisiológicas. Ninguém assoa o nariz em público nem faz barulho com a garganta. Quem come frutas ou grãos deve jogar a casca fora com discrição, em hipótese alguma cuspi-la na frente de todos. Arrotar é aceito nos meios rurais de alguns países árabes e do Afeganistão, mas no Irã nem pensar.

Iranianos costumam manter suas casas limpas e ajeitadas. A crença, comum em outros países de maioria islâmica, é de que o lar é o ninho familiar, e sua harmonia depende, ao menos em parte, do cuidado com a higiene. Empregadas domésticas em tempo integral são raríssimas, e poucos podem se dar ao luxo de pagar diarista. Mesmo assim, as famílias se esforçam para manter a limpeza dos cômodos, do banheiro inclusive. Antes de cada virada do ano-novo persa, que coincide exatamente com o fim do inverno, a tradição manda que se aproveite os primeiros raios de sol do mês de março para lavar e secar ao ar livre tapetes, cortinas, colchões e cobertores. Nessa época do ano, janelas, varandas e jardins se transformam em grandes varais e todos os cômodos da casa, inclusive porões e sótãos, são objeto de uma faxina pesada. Esse supermutirão é conhecido como Khuneh Tukí, que significa "sacudindo a casa".

Um hábito unanimamente praticado contribui de maneira decisiva para manter as casas limpas: calçados ficam na porta. Não se entra numa casa iraniana sem antes retirar os sapatos. A ideia é manter o ambiente livre da sujeira e dos micro-organismos do mundo externo. Boa parte dos países muçulmanos compartilham esse hábito, que se pratica também em mesquitas. Não por acaso, atirar o sapato contra alguém equivale a uma declaração de guerra no Oriente Médio islâmico.

# GEOGRAFIA E NATUREZA

Ao longo da história, iranianos dominaram uma área que se estendia da Síria até o atual Paquistão. O território minguou com o fim dos impérios, mas o Irã moderno ainda é o 18º maior país do mundo. Estende-se por 1,6 milhão de km², área equivalente à soma dos estados brasileiros da região Centro-Oeste ou a três vezes o tamanho da França. O Irã está situado no sudoeste da Ásia e faz fronteira com sete países: Paquistão, Afeganistão, Turcomenistão, Armênia, Azerbaijão, Turquia e Iraque.

MONTANHAS E DESERTOS

Na imaginação de muitos ocidentais, o Irã não passa de um grande deserto. Em realidade, montanhas são a maior característica geográfica do país. Isso fica claro quando se tem a chance de sobrevoá-lo sentado à janela do avião. Mais de metade do território é coberta por cadeias montanhosas. A mais conhecida é a

Vista das montanhas que costeiam o norte de Teerã.

cordilheira Alborz, que percorre todo o norte do território, de leste a oeste, e culmina no monte Damavand, pico mais alto do Oriente Médio, com 5.671 metros. É nas montanhas Alborz que se encontram as melhores estações de esqui do Irã, incluindo Dizin, Shamshak e Tochal, ponto de encontro de boa parte dos expatriados europeus durante o inverno. Eles garantem que a qualidade da neve compensa a infraestrutura sucateada das estações, que não passam por reforma desde a Revolução de 1979.

Outra imponente cadeia montanhosa é a cordilheira Zagros, que cruza em diagonal o oeste do território, da fronteira com a Turquia ao golfo Pérsico. É nessa área coberta por picos que superam 4.000 metros de altitude que se encontram as imensas reservas de gás do Irã.

Já a parte central do Irã consiste em um vasto planalto, com altitude média de 900 metros. A leste dessa área encontram-se dois desertos de sal, Dasht-e Kavir e Dasht-e Lut, praticamente inabitados de tão secos.

Vista do deserto de Dasht-e Lut, onde a Nasa detectou em 2005 a tempertaura mais alta já registrada na Terra: 70,7 °C.

Ao sobrevoar o Irã, também é possível enxergar com clareza a aridez do território, que tende a se agravar devido à desertificação causada pelo mau uso dos recursos hídricos e pelo uso abusivo das nascentes para fins agrícolas.

Mesmo no inverno, as cores predominantes para quem vê o país de cima são o branco dos montes enevoados e o marrom-claro dos planaltos e planícies. Somente 11% da superfície iraniana é terra arável. O único rio iraniano navegável é o Karun, no sudoeste. O resto se resume a leitos ressecados ou com água somente no período de chuvas. Um dos principais lagos é o Urmia, mas ele contém tanto sal que praticamente não há vida em suas águas.

O Irã é um dos raros grandes países onde os assentamentos populacionais não se deram em função dos pontos de água. E Teerã está entre as poucas grandes capitais que não estão à beira de mar, lago ou rio.

Moradores do vilarejo de Shafiabad, no deserto de Dasht-e Lut, uma das áreas mais remotas do Irã. Apesar do isolamento e do meio natural hostil, a aldeia tem água, luz e escola.

TERREMOTO, RISCO CONSTANTE

Se existe tanta montanha no Irã, é porque o território está situado numa área onde se encontram três placas tectônicas: arábica, eurasiana e indiana. Mas o atrito causado pela junção das placas também transforma o país num dos recordistas mundiais em matéria de atividade sísmica. Na verdade, não se passa um dia sem que a terra trema em algum ponto do território, pois várias falhas geológicas cortam o território iraniano. A maior parte dos tremores são imperceptíveis, mas grandes sismos também acontecem. Calcula-se que 126 mil pessoas tenham morrido em decorrência de terremotos no Irã desde 1900. Um dos maiores desastres na história do país aconteceu em 2003, quando um sismo devastou a cidade histórica de Bam, matando 31 mil pessoas. A tragédia foi de tal magnitude que o governo iraniano autorizou o envio de ajuda humanitária e socorristas dos Estados Unidos.

Desde então, muitos iranianos se perguntam onde será o próximo grande terremoto. Metade da população se concentra em áreas diretamente expostas, como o litoral sul, o noroeste e o sudeste. A preocupação é ainda maior em Teerã, que até agora foi poupada de sismos, apesar de estudos indicarem a existência de duas falhas debaixo da metrópole. Há quem diga que a consistência mole do tipo de solo na região da capital acaba absorvendo o impacto causado por eventuais movimentos tectônicos. Mas faltam estudos para embasar essa tese.

O certo é que um terremoto de fortes proporções causaria destruição numa escala pavorosa em Teerã, cidade com forte densidade populacional e a maioria das construções fora das normas de segurança.

CLIMA DIVERSO E EXTREMO

Quando me perguntam qual o clima no Irã, não consigo imaginar resposta que não seja: depende. Depende da cidade e, principalmente, da época. Praticamente todos os tipos de condições meteorológicas existem no país. Há neves eternas nos mais altos picos das cordilheiras Alborz e Zagros. Em Bandar Abbas, às margens do golfo Pérsico, sol de chumbo e umidade pegajosa castigam a população o ano inteiro. A temperatura mais alta no mundo foi registrada no Irã. Mais precisamente no deserto de Dasht-e Lut, a sudeste: 70 °C, segundo monitoramento por satélite da Nasa, agência espacial americana.

Mas nas maiores cidades iranianas predomina uma alternância de estações nitidamente distintas. Teerã tem inverno com neve, primavera florida, verão

Geografia e natureza | 51

Ao lado, vista do parque Mellat, um dos mais bonitos de Teerã, no início do outono. Abaixo, rua do norte da cidade coberta de neve durante o inverno. A capital iraniana tem as quatro estações bem definidas.

52 | Os iranianos

sufocante e outono com vegetação avermelhada. Igual ao que se aprende na escola nas primeiras aulas sobre o tempo. Em três anos morando na capital, passei de -8 ºC a 46 ºC. Variação semelhante ocorre em Isfahan, Tabriz ou Mashhad. Chuva, porém, tende a ser escassa, mesmo no outono. A diversidade de climas é um dos traços nacionais dos quais os iranianos mais se orgulham. Eles adoram contar que, enquanto Teerã está sob neve, o termômetro indica 35 ºC algumas centenas de quilômetros ao sul. Perdi a conta do número de vezes em que iranianos zombaram do Brasil pela falta de quatro estações com características tão nitidamente distintas.

Em tese, a melhor época para visitar o Irã é na primavera, março ou abril. A vegetação explode em cores vivas, o céu fica mais límpido e a neve derretida nas montanhas enche os leitos de rios e córregos. O problema é que esse período coincide com as férias do Nowruz, o ano-novo persa. Hotéis, aeroportos e estradas tendem a ficar desagradavelmente abarrotados. Minha dica é visitar o país em maio ou junho, quando o verão ainda não amadureceu, ou entre setembro e outubro, tempo de dias mais frescos e baixa temporada turística.

LITORAIS CONTRASTANTES

As duas costas do Irã não poderiam ser mais diferentes. Ao norte, o mar Cáspio, com seu litoral de exuberantes florestas e clima ameno. É lá que se encontram as casas de praia das famílias de classe média alta de Teerã. Conhecido como Shomal (norte), o lugar mais verdejante do Irã é agradável e perfeito para festanças e outros "crimes" longe dos olhos da polícia moral. A nota negativa é que as praias do norte tendem a ser muito cheias e sujas. Além disso, é preciso uma paciência sem fim para enfrentar as horas de engarrafamentos nos fins de semana, principalmente no verão, e no Nowruz, no trecho entre Teerã e as praias do mar Cáspio.

No lado oposto do território iraniano encontra-se o litoral sul, que se estende dos pântanos da fronteira com o Iraque até a divisa com o Paquistão. As praias costeiam o golfo Pérsico, com suas águas calmas e quentes. À altura da cidade de Bandar Abbas encontra-se o estratégico estreito de Hormuz, por onde transita a cada dia um quarto da produção mundial de petróleo. Em seu ponto mais apertado, o estreito tem apenas 40 km.

O Irã tem duas ilhas importantes em seu litoral sul: Kish, conhecida por ser uma zona franca, e Qeshm, que tem algumas das melhores praias do país.

RIQUEZA DA VIDA SELVAGEM

Apesar da aridez predominante, o Irã abriga uma fauna variada e abundante, cujas estrelas são os felinos. Nas planícies iranianas sobrevivem os últimos remanescentes da subespécie asiática de guepardo, animal terrestre mais rápido do mundo, que foi exterminado da Índia por ter servido décadas a fio de objeto de caça dos colonos britânicos. O felino é alvo de um programa de proteção das autoridades iranianas, que querem evitar o mesmo destino do tigre do Cáspio e do leão asiático, extintos no país desde o início do século XX.

A família dos grandes gatos locais inclui ainda o discretíssimo leopardo persa – que se esconde principalmente nas montanhas ao norte do país e também está ameaçado de extinção – e o lince eurasiático. Esses predadores se alimentam de gazelas, javalis e ovelhas selvagens que vivem espalhados por várias regiões.

A lista de mamíferos selvagens iranianos tem, ainda, ursos nas montanhas e alguns canídeos, como lobos, raposas e chacais, presentes em várias regiões.

Mais de 500 espécies de pássaros foram registradas no país, que vem se tornando destino para ornitólogos de várias partes do mundo. Entre os destaques da avifauna local encontram-se águias e falcões.

No mar, o destaque fica por conta do esturjão do Cáspio, fonte do tão famoso caviar iraniano. Várias espécies de tubarão povoam as pacatas e mornas águas do golfo Pérsico.

PROVÍNCIAS E AGLOMERAÇÕES

O Irã é um país essencialmente urbano, com 70% da população vivendo em cidades. Há aglomerações espalhadas por todo o território nacional. A maior e mais importante é a Grande Teerã, com cerca de 12 milhões de habitantes, caótica capital política e econômica, que não prima pela beleza, mas fervilha de atividade, artística inclusive. Com movimento constante dia e noite, gente apressada nas ruas e relações sociais mais distantes que no interior, a capital tem astral de metrópole moderna. Uma das coisas que mais me agradam em Teerã é a possibilidade de preservar o anonimato, de ir a um cinema ou restaurante sem a incômoda certeza de encontrar algum conhecido. A capital não somente permite o raro prazer de desaparecer, como também oferece a excitação da descoberta. É um desses lugares onde é possível parar por acaso em uma festa *underground* num bairro cuja existência nem se suspeitava ou deparar-se numa esquina qualquer com uma livraria empoeirada que continua vendendo os mesmos livros ocidentais desde a época do xá. Tudo o que o dinheiro pode comprar existe em Teerã.

54 | Os iranianos

Vista de Teerã. Ao fundo, a ultramoderna torre Milad, a sexta mais alta do mundo para telecomunicações.

Apesar do trânsito infernal e da poluição, a cidade vem sendo bem administrada. Há amplas áreas verdes, parques, museus e ruas limpas. O transporte público, metrô e ônibus com faixas exclusivas, é barato e eficiente. Os dois últimos chefes municipais, Mahmoud Ahmadinejad (2002-2005) e Mohammad Qalibaf (desde 2005), foram finalistas do prêmio de melhor prefeito do mundo. O visitante não pode perder o museu das joias, que abriga alguns dos maiores e mais valiosos diamantes de que se tem conhecimento, e os voluptuosos palácios Niavaran e Saad Abad, que abrigaram a dinastia Pahlavi. Como em quase todas as cidades iranianas, o índice de criminalidade é muito baixo se comparado com padrões brasileiros.

Com cerca de três milhões de habitantes, Isfahan, cravada no centro do território, é a segunda maior aglomeração do país. A mais bonita também, na opinião quase unânime dos turistas estrangeiros. Várias vezes capital persa ao longo da história, Isfahan conserva um esplendor majestoso, uma beleza flagrante no estilo Paris ou Rio de Janeiro. A cidade tem tradição industrial e religiosa. Moradores são conhecidos pela fama de pães-duros e conservadores, mas a cidade também tem uma vibrante população jovem e liberal.

Abaixo, vista da praça Imã, em Isfahan. Ao lado, cúpula da mesquita Lotfollah em imagem aproximada. A praça é considerada uma das mais bonitas e imponentes do mundo.

Geografia e natureza | 57

Pastor conduz suas cabras para atravessar estrada nos arredores de Shiraz, sul do Irã.

Marina Rodrigues Mesquita

58 | Os iranianos

No extremo oeste do Irã, encontra-se Mashhad, com população um pouco menor que a de Isfahan. A cidade é conhecida por abrigar o santuário do imã Reza, figura central do islã xiita. A atividade econômica local gira em torno do santuário, que atrai peregrinos do mundo inteiro. O turismo religioso enriqueceu a cidade, hoje uma orgulhosa aglomeração com hotéis de luxo, aeroporto internacional e ruas com lojas de grifes ocidentais. Mashhad também é conhecida por abrigar alguns dos restaurantes que servem a melhor comida no país, como o Shandiz.

A quarta grande cidade iraniana é Tabriz, no noroeste do país, onde predomina o dialeto azeri, derivado do turco. Com 1,6 milhão de moradores, Tabriz tem um dos bazares mais completos do Irã e uma gastronomia rica e variada. Segundo o estereótipo, tabrizis são provincianos e conservadores. A população dessa área do Irã tem conexão mais forte com a vizinha Turquia do que com o restante do país.

Quatro outras cidades merecem ser mencionadas: a milenar Yazd, fascinante cidade turística no meio do deserto; a pacata Shiraz, conhecida pelos jardins delicados e pela população liberal; a ultraconservadora Qom, epicentro teológico do Irã; e a lânguida Bandar Abbas, à beira do golfo Pérsico, onde a influência árabe faz iranianos persas se sentirem num outro país.

CATÁSTROFE AMBIENTAL

Durante um voo entre Teerã e Doha, em 2013, tive o prazer de viajar ao lado de um dos maiores militantes ambientalistas iranianos, um professor universitário cujo nome prometi preservar. Sua avaliação da situação no país não poderia ser pior. "O Irã vive a mais grave catástrofe ambiental da atualidade em todo o mundo. Na China, pelo menos se tem uma dimensão da tragédia, enquanto as autoridades iranianas passaram as últimas décadas impedindo a divulgação de dados sobre o que está acontecendo na natureza."

O sinal mais visível dessa crise é a desertificação e o escasseamento das fontes de água numa região constantemente povoada há 7 mil anos. O lago de sal Urmia, no noroeste do país, era um dos maiores do mundo até o início dos anos 2000. Barcos de cruzeiro passeavam por suas águas, enquanto turistas lagarteavam em suas praias. Em 2013, restava apenas uma imensidão árida e poeirenta. Mais de 95% da água evaporou-se, segundo reportagem *in loco* do *New York Times*. Outros lagos secaram, assim como rios que outrora cortavam o território nacional. O cenário resulta de uma convergência de fatores: proliferação de barragens que travam ou perturbam o curso natural das águas; esgotamento das águas subterrâneas por causa da produção agrícola intensificada; desperdício; e aquecimento global.

O quadro é agravado por um círculo vicioso difícil de interromper. A falta de água nas áreas rurais leva mais camponeses a migrar para as cidades, o que pressiona ainda mais a capacidade de recursos hídricos para abastecer as aglomerações e acirra a escassez de água nos campos. Há alguns anos, agricultores de duas das principais cidades iranianas, Isfahan e Yazd, brigaram por um duto que leva água pela região central do país.

Um raro grito de alarme oficial surgiu pouco após a eleição do presidente Hasan Rowhani, em junho de 2013. Um de seus assessores, Issa Kalantari, foi a público para dizer que a ameaça ambiental no Irã é mais "perigosa que Israel e Estados Unidos".

"Todas as fontes de água natural no Irã estão secando, como os lagos Urumieh, Bakhtegan, Tashak, Parishan e outros. [...] Os desertos estão se espalhando e alerto que [as áreas] de Alborz Sul e Zagros Leste serão inabitáveis e isso forçará as pessoas a migrarem. Mas para onde? Posso afirmar com certeza que dos 75 milhões de pessoas no Irã, 45 milhões sofrerão as consequências disso [...]. Estou falando de uma crise séria. A vida das pessoas está ameaçada", disse Kalantari, que foi ministro da Agricultura entre 1989 e 1998 e possui PhD em estudos agrícolas pela Universidade de Iowa, nos Estados Unidos. "O planalto iraniano está se tornando inabitável [e] as águas subterrâneas estão desaparecendo sem que ninguém esteja pensando nisso. [...] Se nada for feito, daqui a 30 anos o país inteiro se parecerá com uma cidade fantasma."

A ausência de água nos leitos de rio contribui para a disseminação de poeira pelos ares, o que agrava os índices crônicos de poluição que afligem a população. Um estudo de 2013 feito pela ONU indicou que quatro das dez cidades mais poluídas do mundo estão no Irã: Ahvaz (líder do *ranking*), Kermanshah, Sanandaj e Yasuj. A situação se deve, ao menos parcialmente, às sanções econômicas, que encareceram a importação de gasolina, que o Irã, também por causa das sanções, é incapaz de produzir, apesar de ser um dos maiores produtores mundiais de petróleo. Isso vem obrigando os iranianos a recorrer a combustíveis caseiros, mais baratos, mas também muito mais nocivos. O crescimento exponencial da frota de automóveis e a fraca regulamentação na indústria contribuem também para a crosta marrom que cobre Teerã e tantas outras aglomerações do país. A cada ano, picos de poluição levam autoridades a suspender as aulas e fechar repartições públicas. Qualquer médico iraniano admite que a poluição no Irã causa graves problemas de saúde e leva com frequência à morte de idosos e crianças, mais vulneráveis à imundice do ar urbano. Doenças como bronquite e câncer causam mais de 4 mil mortes por ano só em Teerã, segundo autoridades locais.

60 | Os iranianos

A esse quadro somam-se maus hábitos generalizados. O governo praticamente não tem políticas de reciclagem nem promove campanhas de educação para coleta seletiva de lixo. A falta de consciência ambiental é tamanha que a delegação do Irã na conferência mundial Rio+20, em 2012, não tinha nenhuma proposta nem programa de discussão. A população também tem sua parcela de responsabilidade. A exemplo do que ocorre no Brasil, é muito comum ver pessoas jogando lixo na rua ou para fora do carro, sem um pingo de constrangimento. Muitas famílias vão à praia ou à montanha sem se preocupar em recolher sacos de plástico e embalagens de alimentos, deixando um rastro de sujeira que macula as paisagens naturais mais bonitas do país.

MISCELÂNEA ÉTNICA E LINGUÍSTICA

Apesar de ser conhecido como povo persa, os iranianos formam uma grande miscelânea étnica – quase metade da população de 75 milhões é de outra etnia. O número varia de acordo com a fonte. O historiador iraniano-americano Ali Gheissari, da Universidade de San Diego, diz que 51% da população é persa. Já dados da CIA falam em 65%. Há quem garanta, porém, que esses dados são inflados artificialmente para preservar a narrativa da exceção iraniana numa vizinhança de etnias e interesses fragmentados. Partidários dessa crença dizem que os persas são minoria se comparados com a soma dos demais grupos étnicos. De todo modo, houve tanta miscigenação ao longo dos séculos que é difícil rotular cidadãos iranianos.

O mais recente censo populacional, feito em 2011, mostrou que 99,4% dos iranianos são muçulmanos e que 55% da população tem menos de 30 anos. A taxa de analfabetismo entre pessoas de 10 a 49 anos é de apenas 7%.

PERSAS

Os persas eram, originalmente, conquistadores indo-europeus descendentes dos povos arianos. Vindas do centro asiático, tribos persas se instalaram no sul do Irã, na atual região de Fars, cerca de 1000 a.C., impondo seu idioma e integrando-se a outros grupos locais. No século VII a.C., o rei de uma das tribos persas conseguiu fundar um Estado unificado, que se tornaria em algumas décadas o Império Aquemênida, o maior do mundo. Membros da dinastia Aquemênida, como Ciro II, Dario I e Xerxes, são vistos até hoje sob uma aura mitológica.

Mesmo após a invasão árabe-islâmica no século VII, os persas conseguiram preservar sua língua e sua cultura. Eles são o grupo étnico mais influente na identidade iraniana. O idioma farsi é o mais praticado, e a música persa, a mais ouvida. As grandes cidades do país são predominantemente persas, com destaque para a região ao redor de Shiraz, no centro-sul, considerada o berço desse povo. No governo, os principais cargos tendem a ser ocupados por persas.

62 | Os iranianos

Persas costumam ser xiitas, mas, para boa parte dos iranianos, a raiz étnica representa um componente identitário mais forte que o islã. Muitas famílias fazem questão de escolher para os filhos nomes persas em vez dos islâmicos implicitamente encorajados pelo regime. Estes são alguns típicos prenomes persas masculinos: Behrooz (dia feliz), Navid (boa notícia) ou Payam (mensageiro). Para as meninas, Simin (aquela que brilha como prata), Yeganeh (única no mundo) e Parisa (aquela que é como uma fada).

Mas as clivagens enganam, e são comuns os casos de pais muçulmanos praticantes que não veem problema em dar nomes persas aos filhos.

A lista dos persas famosos inclui os grandes poetas Omar Khayyam e Saadi, o premiê deposto pelos Estados Unidos, Mohammad Mossadegh, e o premiado diretor de cinema Asghar Farhadi.

O idioma oficial no Irã é um derivado do persa moderno, conhecido como farsi. Apesar de tomar emprestado alfabeto, números e muitas palavras do árabe, trata-se de uma língua totalmente distinta. Enquanto o árabe é semítico, a exemplo do hebraico e do aramaico, o farsi tem raízes indo-europeias e, por isso, sua gramática e seu vocabulário ecoam línguas latinas ou anglo-saxãs.

A conjugação apresenta os mesmos eu-tu-ele/ela-nós-vós-eles/elas, com a ressalva de que não há gênero na terceira pessoa – ele e ela são uma mesma entidade, e isso se reflete na dificuldade de os iranianos usarem corretamente o *he* ou *she* quando falam inglês. O alfabeto possui 32 letras, quatro a mais que o árabe, de maneira a incluir consoantes de som P e V. Enquanto no árabe o plural altera toda a estrutura da palavra, no farsi basta acrescentar os sons "há" ou "ânn" ao final da última letra. Sandali (cadeira) vira sandali-há. A construção de frases é razoavelmente simples. Sujeito, adjetivos e complemento são inseridos, em ordem livre, no início da oração, enquanto o verbo conjugado deve sempre ser colocado no final. Exemplos: Man khabar negar berezili hastámm – eu jornalista brasileiro sou; dostam azizam dar Iran doo saal zendeguí kard – meu querido amigo dois anos no Irã morou.

A semelhança entre o vocabulário do farsi moderno e idiomas europeus é surpreendente. Muitas palavras evidenciam a origem comum na ramificação das línguas proto-indo-europeias. Irmão é baradar, como *brother*, em inglês. Mãe é modár, pai é pedár e filha, dokhtar, como *daughter*. Jangál deu origem ao termo *jungle*, selva. *Jovem* tem a mesma origem que javán, em farsi. *Quem* se diz *kí*, pronunciado da mesma forma que o francês *qui*. *Dois* é doh, *oito* é hasht, *nove* é noh e *dez, dáh*. Esses são exemplos de palavras que existiam nas línguas iranianas da Antiguidade. Mas o farsi moderno também incorporou milhares de expressões europeias: *coup d'Etat, abat-jour, agence, dictatur, terrorism, telephone* etc.

Disseminado em larga escala com a islamização da Pérsia por tribos da península arábica, no século VIII, o árabe também permeia o farsi em profundidade. O vocabulário religioso dos muçulmanos iranianos é quase todo corânico – portanto, arabófono –, embora muita gente prefira se referir a Deus usando o termo persa Khodá em vez de Allah (Alá). Além disso, termos árabes são onipresentes na fala que tange a atividades socioeconômicas: eleição (entekhebat), economia (eqtesad), comércio (tejarat) etc. Iranianos também usam os números árabes.

Minha impressão é de que o farsi é muito mais fácil para ocidentais do que o árabe, o turco ou o mandarim. A maior parte dos expatriados em missão de dois, três anos saem do Irã falando ao menos o básico necessário para encarar taxistas e comerciantes.

AZERIS

O segundo grande grupo étnico no Irã é formado pelos azeris, que, de acordo com estatísticas mais usadas, representam de 20% a 25% da população – mais do que isso, segundo algumas versões. Azeris são parte do mesmo povo que habita o vizinho Azerbaijão. Falam o idioma azeri, próximo do turco, e costumam ser xiitas. Há quem diga que descendem da mesma linhagem indo-europeia que os persas e que teriam adotado o idioma turco sem se misturar etnicamente à nação vizinha. O mais provável, porém, é que a origem dos azeris esteja vinculada às tribos turcas oguzes que migraram da Ásia Central, no atual Cazaquistão, rumo ao Cáucaso e ao Irã no século XI.

Azeris concentram-se no noroeste do território iraniano, principalmente na província do Azerbaijão Oriental, mas estão presentes em todo o país. Chamados de "turcos" por causa do idioma que utilizam, dominam bazares e vendas de esquina nas grandes cidades. Alguns núcleos azeris tendem a viver voltados para a própria comunidade por se sentirem discriminados pelos persas, que cultivam o estereótipo do turco caipira e intelectualmente limitado. Mas a maioria dos azeris está assimilada aos persas, e casais mistos são comuns.

Há relatos de que inimigos do Irã, ao tentarem fomentar uma insurgência étnica no noroeste do país, não obtiveram sucesso devido à boa integração dos azeris à sociedade iraniana.

Azeris lembram com orgulho que alguns dos iranianos mais famosos são de sua etnia, a começar pelo líder supremo, aiatolá Ali Khamenei. Também estão na lista o líder reformista do Movimento Verde, Mir Hossein Mousavi, o cineasta Jafar Panahi e Farah Diba, ex-mulher do xá Mohammad Reza Pahlavi.

CURDOS

Na miscelânea étnica iraniana, a questão curda é uma das mais sensíveis politicamente. Os 6 milhões de curdos iranianos compartilham em larga escala as aspirações separatistas de seu povo, que forma a maior nação sem pátria no Oriente Médio. A causa curda também pressiona governos na Turquia, na Síria e no Iraque. Curdos sonham em fundar um grande Curdistão, que se espalhe pela área montanhosa onde esses quatro países se encontram.

Historicamente, têm ascendência indo-europeia, a exemplo dos persas. Mas sua cultura é diferente, assim como sua gama de dialetos. Ao contrário dos azeris, curdos sempre resistiram ao domínio político e cultural persa. Houve frequentes revoltas curdas contra o poder central iraniano, geralmente esmagadas mediante derramamento de sangue. A dinastia Pahlavi proibia o ensino do idioma curdo.

Um dos episódios internos mais sombrios da história do Irã contemporâneo foi a insurreição curda deflagrada semanas após a Revolução de 1979 e que só terminou nos anos 1990, deixando milhares de mortos. Houve novo surto de violência em 2005, quando a polícia iraniana foi acusada de matar um ativista curdo e de arrastar seu corpo amarrado a um carro pelas ruas de uma cidade na região curda, uma das mais pobres do Irã.

Hoje em dia, curdos têm liberdade para expressar livremente seu idioma e sua cultura, incluindo o uso de roupas típicas, como calças semelhantes à bombacha gaúcha para os homens. Mas eles não podem ter representação política nem formar partido. Jornais curdos são seguidamente fechados, e ativistas, ameaçados. Militantes se queixam de uma pressão velada para que se evite dar nomes curdos aos filhos.

O governo iraniano enxerga com preocupação o aumento de confiança dos curdos após a criação de algo muito próximo a um Estado na vizinha região autônoma do Curdistão iraquiano. Há quem diga que a questão curda representa um dos maiores problemas internos no Irã. Uma bomba-relógio sobre a qual ninguém ousa discutir abertamente.

Iranianos de outros grupos étnicos encaram os curdos com misto de pavor e respeito. Correm histórias sobre a bravura guerreira desse povo que vive principalmente em montanhas. Mas os curdos também são conhecidos por ser hospitaleiros e trabalhadores dedicados.

Devido ao histórico de repressão, existem poucos curdos iranianos conhecidos. Merecem ser citados o cineasta Bahman Ghobadi e o cantor Mohsen Namjoo, conhecido como Bob Dylan iraniano.

ÁRABES

Muita gente no Ocidente acha que iranianos são árabes. Cabe a jornalistas, diplomatas e acadêmicos lembrar o tempo todo que o Irã é a grande nação do povo persa, enquanto os árabes são etnicamente semitas, a exemplo dos judeus.

Dito isso, existem árabes iranianos. Formam uma parcela pequena da população, menos de 3%, segundo avaliação da CIA. Estão concentrados na região fronteiriça do Iraque e no litoral sul, de frente para os países árabes que dominam a outra margem do golfo Pérsico. Também compõem tribos nômades espalhadas pelos desertos iranianos.

A presença de tribos árabes no Irã remonta à Antiguidade e intensificou-se com a invasão islâmica a partir do século VII. O contingente foi reforçado no século XX com a chegada de imigrantes xiitas sauditas e iraquianos fugidos da repressão em seus países.

Hoje árabes tendem a formar um grupo economicamente mais pobre que a média, vivendo principalmente de agricultura e pesca. Muitos dos que moram em áreas urbanas exercem trabalhos braçais mal remunerados. Queixam-se de discriminação e racismo, por ser vistos como membros de povos historicamente inimigos dos persas.

Mas existem árabes iranianos influentes, como o ex-ministro das Relações Exteriores Ali Akbar Salehi e o chefe da milícia basij Mohammad Reza Naqdi, ambos nascidos no Iraque.

LUROS

Compondo cerca de 2% a 6% da população, de acordo com estimativas mais usadas, os luros formam uma orgulhosa minoria de ascendência indo-europeia, a exemplo dos persas e curdos. Tribos luras são historicamente lembradas pela produção de delicadas peças de metal durante a Idade do Bronze, três milênios antes de Cristo.

O Museu Nacional do Irã, em Teerã, expõe algumas dessas peças, cuja decoração reflete a capacidade de figuração desse povo politeísta que percorria a cavalo montanhas e planícies.

Luros só deixaram de ser nômades na segunda metade do século XX, sob pressão da dinastia Pahlavi. Forçados ao sedentarismo, passaram a priorizar a agricultura em vez da pecuária. A maior parte deles vive na região do Lurestão (terra dos luros), no oeste do Irã. Falam dois tipos de dialeto, um assemelhado ao farsi, outro mais próximo do curdo.

Desde sua participação no movimento de tribos xiitas que apoiou a chegada ao poder da dinastia Safávida ao poder, no século XIII, luros têm tradição de engajamento político. Entre os mais ilustres expoentes desse grupo étnico encontram-se Shapour Bakhtiar, último primeiro-ministro sob a dinastia Pahlavi, e o clérigo reformista Mehdi Karoubi, candidato derrotado na conturbada eleição presidencial de 2009. Também era lura a rainha Soraya Esfandiary-Bakhtiari, segunda das três esposas do xá Mohammad Reza Pahlavi.

BALÚCHIS

Há controvérsia sobre as origens desse grupo étnico, que reúne ao redor de 2% dos iranianos. Uma corrente de historiadores inclui os balúchis entre os povos persas, já que seu idioma tem clara origem indo-europeia. Outros estudiosos afirmam que se trata de um grupo de nômades caldeus que migraram da Babilônia (no atual Iraque) para a Ásia cinco séculos antes de Cristo e aos poucos perdeu suas raízes semíticas ao mesclar-se com povos persas.

Balúchis vivem principalmente na região do Sistão-Baluchistão, no extremo sudeste do Irã. Do outro lado da fronteira, no Paquistão, encontra-se a maioria dos 10 a 15 milhões de balúchis no mundo. Por serem predominantemente sunitas, balúchis convivem mal com a teocracia xiita de Teerã.

O Sistão-Baluchistão é a única região do Irã sujeita a ataques insurgentes e sequestros. Por isso, é fortemente desaconselhada a turistas e vetada a jornalistas estrangeiros. A maior parte das ações violentas é atribuída ao Jundallah, grupo obscuro que diz lutar pelos direitos dos sunitas iranianos. Há abundantes relatos de que o Jundallah recebe apoio tanto do Paquistão quanto dos EUA e Israel, num suposto esforço para desestabilizar o Irã.

Apesar do extremismo em alta na região, balúchis não são necessariamente conservadores. Mulheres, que têm participação ativa na sociedade, caracterizam-se por usar roupas largas e coloridas, às quais se acrescentam joias e outros vistosos ornamentos. O traje típico masculino consiste em um conjunto branco que inclui camisa larga descendo até o joelho, calças largas e turbante.

Existe no resto do Irã uma discriminação generalizada contra os balúchis, vistos como pouco civilizados.

Iranianos da etnia balúchi apresentam dança tradicional com espadas em hotel de Yazd, região central do Irã.

TURCOMANOS

A exemplo dos azeris, turcomanos descendem das tribos turcas oguzes originárias da Ásia Central. Seu idioma é derivado do turco. Esse grupo étnico, que representa aproximadamente 2% da população, é fácil de reconhecer pelos traços físicos semelhantes aos dos mongóis: rostos proeminentes, pele clara e olhos pequenos e puxados. Há, no entanto, turcomanos com aspecto mais caucasiano. A maioria dos turcomanos vive no Turcomenistão, país que divide a fronteira norte do Irã.

Turcomanos são predominantemente sunitas e mantêm viva sua identidade cultural, causando estranhamento permanente com o restante do país.

São conhecidos também por venerar cavalos e por formar alguns dos melhores montadores do mundo.

MICROCOMUNIDADES: ASSÍRIOS, ARMÊNIOS E PASHTUNS

O Irã tem também grupos étnicos minúsculos, formados por, no máximo, dezenas de milhares de pessoas. Essas comunidades seguem, essencialmente, uma linha étnico-religiosa. Assírios e armênios compõem a minoria cristã iraniana. Judeus mantêm uma presença significativa no Irã, apesar do êxodo em massa rumo a Israel, Canadá e EUA após a Revolução de 1979. Minorias religiosas são tema central do capítulo "Mulheres e minorias".

A população iraniana também tem uma microparcela de pashtuns, povo sunita que vive principalmente nos vizinhos Paquistão e Afeganistão.

# A IMAGEM DE NAÇÃO RADICAL

Na época do último xá, o Irã era um dos países do Oriente Médio mais sintonizados com o Ocidente. Entre os Estados de maioria islâmica, nenhum tinha relações tão boas com Israel. A elite iraniana desfilava sofisticação e elegância na Europa e nos Estados Unidos, e a antiga Pérsia vivia cheia de gringos, entre os quais significativo número de jovens alternativos em busca de ópio e outros experimentos exóticos. A partir da chegada dos aiatolás ao poder, em 1979, o Irã tornou-se para muita gente sinônimo de fanatismo, intolerância e repressão.

AIATOLÁ KHOMEINI, PRIMEIRO ROSTO DO ISLÃ RADICAL

A partir da Revolução de 1979, imagens glamorosas da realeza iraniana na mídia internacional cederam espaço a homens barbudos berrando ódio ao Ocidente e queimando bandeiras americanas. A metamorfose personificou-se no rosto grave do aiatolá Ruhollah Khomeini, primeiro líder mundialmente associado ao extremismo islâmico.

Nascido numa família conservadora do interior do Irã, Khomeini passou a vida defendendo uma interpretação literal e ultraconservadora do Corão. Seu primeiro ato público de relevância nacional foi um protesto, em 1963, contra uma lei promulgada pelo xá Mohammad Reza Pahlavi garantindo às mulheres o direito de votar e de se candidatar em eleições locais. No exílio, Khomeini escreveu o livro *Velayat-e faqih* (Governo dos juristas islâmicos), no qual pregava a adoção de uma versão ultraconservadora da Sharia, a lei islâmica, na direção oposta do secularismo iluminista. O objetivo, afirmava o aiatolá, era estabelecer em todos os países de maioria muçulmana leis e regras morais que regulassem cada aspecto da vida humana. Deixar decisões política nas mãos de "entidades que dizem representar a maioria" é errado, segundo Khomeini. O aiatolá acreditava que meninas poderiam

70 | Os iranianos

se casar a partir dos 9 anos e defendia a pena de morte para quem abandonasse o islá. Khomeini passou boa parte de seu tempo no exterior gravando discursos em fitas cassete, que eram copiadas e transmitidas até ecoar em milhões de lares em dezenas de países muçulmanos.

Mas as opiniões públicas ocidentais só descobriram Khomeini quando ele voltou do exílio em Paris para assumir as rédeas da revolução antimonarquista e fundar a República Islâmica. Televisões do mundo inteiro mostravam milhões de iranianos eletrizados pelos discursos de um homem de turbante e capa que pregava a volta ao passado em vez dos ideais progressistas que marcaram tantas outras revoluções.

Fortalecido pelo apoio inicial das massas e pelo expurgo gradual de toda e qualquer oposição, Khomeini conseguiu transformar sua retórica incendiária em política de Estado alguns meses após a queda do xá. O aiatolá considerava o Ocidente fonte de todos os males do mundo, a começar pelo que via como manipulação das instituições internacionais em favor de Israel. O ódio à monarquia refletia, acima de tudo, a rejeição da ocidentalização com a qual o xá pretendia enterrar a identidade islâmica e tradicional da sociedade iraniana. Em plena Guerra Fria, Khomeini se referia aos Estados Unidos como "grande satã" e a Israel como "pequeno satã". Dizia liderar o "governo de Deus" e prometia exportar o que chamava de Revolução Islâmica para o mundo inteiro. Sob o comando de Khomeini, o Irã ajudou xiitas libaneses a fundar o Hezbollah, organização paramilitar e política criada para combater Israel.

Um dos fatos marcantes na trajetória de Khomeini foi seu decreto religioso que colocava a prêmio a cabeça do escritor anglo-indiano Salman Rushdie e de seus colaboradores, em represália à "blasfêmia" contida no livro *Versos satânicos*, publicado em 1988. A obra ressuscita a teoria de que Maomé teria inserido no Corão uma referência a três deusas, antes de recuar da menção, alegando ter sido induzido à heresia pelo demônio. Rushdie deflagrou a fúria de muçulmanos no mundo inteiro ao sustentar que as deusas constavam, em realidade, na versão original do Corão, revelada pelo anjo Gabriel a Maomé. A incitação de Khomeini foi levada a sério. Houve reiteradas tentativas de assassinato ao escritor, em vão. Em 1991, porém, o tradutor de Rushdie no Japão, Hitoshi Igarashi, foi espancado até a morte. Outros colaboradores do escritor, como o tradutor italiano Ettore Capriolo e o editor norueguês William Nygaard, foram gravemente feridos em ataques lançados por simpatizantes de Khomeini.

No plano doméstico, Khomeini impôs aos iranianos uma série de restrições morais. Álcool, música e cinema ocidental foram banidos. O véu se tornou obrigatório para as mulheres, que também perderam o direito de andar de bicicleta e de cantar, entre tantas outras coisas. Homens nunca mais puderam andar nas ruas de short ou bermuda. Gravatas foram abolidas em locais públicos, sob o

A imagem de nação radical | 71

Fachada do cômodo, no bairro Jamaran, norte de Teerã, que serviu de casa para o aiatolá Khomeini após seu regresso ao Irã para comandar a Revolução Islâmica.

pretexto de que simbolizavam a hegemonia cultural ocidental e que seu formato lembrava o da cruz cristã. Gravatas só voltaram a ser vistas anos depois da morte de Khomeini. Vozes dissidentes foram esmagadas em larga escala, abrindo uma era de perseguição e medo para milhões de iranianos. A lei passou a prever pena de morte por apedrejamento contra adúlteros e forca para muçulmanos que renunciassem à religião, chamados de apóstatas.

Apesar de sua expressão mais violenta e retrógada, a revolução iraniana é amplamente vista como o primeiro grande êxito do islamismo político na era moderna.

O ATAQUE À EMBAIXADA AMERICANA

A instauração de um regime teocrático gerou uma onda de choque mundial, mas foram a invasão e o sequestro na embaixada americana em Teerã que abalaram de vez a relação entre o Irã e o Ocidente.

Na manhã de 4 de novembro de 1979, centenas de estudantes simpatizantes do então recém-empossado regime islâmico se reuniram em frente à embaixada e, sem esforço, pularam o portão e invadiram o complexo. Ao perceber que os guardas não se atreviam a abrir fogo, os invasores se espalharam pelo local. A operação foi inicialmente concebida como ato de protesto contra a decisão do governo americano de Jimmy Carter de dar abrigo ao xá deposto Mohammad Reza Pahlavi, cujo câncer se agravara. Mas, ao receber aprovação em êxtase de boa parte da população – e de Khomeini, aparentemente não informado anteriormente –, os estudantes se instalaram na embaixada e fizeram reféns todos os funcionários.

Seis diplomatas conseguiram fugir por uma porta lateral e acabaram retirados do país graças à operação imortalizada no filme *Argo*. O longa romantiza, simplifica e distorce os fatos, mas a operação conjunta entre Estados Unidos e Canadá conseguiu, de fato, burlar a vigilância iraniana graças a agentes secretos disfarçados de cineastas em missão de prospecção em Teerã.

Nas semanas seguintes à invasão, os estudantes libertaram 13 reféns por "razões humanitárias". Outros 52 americanos não tiveram a mesma sorte e permaneceram em poder dos sequestradores por mais de um ano, gerando uma onda de ódio anti-Irã nos Estados Unidos, que romperam relações com a República Islâmica.

Além de representar um atentado injustificável contra as regras básicas da boa convivência internacional, como respeito à soberania e segurança das representações diplomáticas, o sequestro tornou-se um calvário para os reféns. Embora não tenham sofrido expressivas agressões físicas, foram expostos a todo tipo de situações pavorosas e humilhantes. Alguns ficavam com os olhos vendados por horas e, às vezes, dias. Passavam boa parte do tempo sem poder falar uns com os outros. Reféns relatam, porém, que o pior eram as armas apontadas para a cabeça e as simulações de execução. A propaganda iraniana, transmitida aos correspondentes estrangeiros por jovens religiosos fluentes em inglês, martelava que todos os sequestrados eram tratados com dignidade. No Natal que passaram em cativeiro, o regime divulgou imagens dos reféns comendo uma farta ceia, dando a entender que estavam felizes e bem acomodados.

Estudantes e autoridades iranianas descobriram na embaixada um enorme aparato usado pela CIA para espionar o Irã, que pude observar na única vez em que consegui entrar na representação, no 34º aniversário do ataque, em novembro de

O brasão dos EUA continua cravado no portal da antiga embaixada americana em Teerã, palco do sequestro de reféns que selou a ruptura entre EUA e Irã. O local hoje abriga instalações da milícia pró-regime basij.

2013. O arsenal incluía equipamentos eletrônicos para interceptar e gravar conversas telefônicas, uma sala para forjar documentos de identidade e um cômodo à prova de escutas para reuniões secretas. Milhares de relatórios de espionagem foram encontrados. Alguns papéis haviam sido destruídos na trituradora minutos antes da invasão, como se vê no filme *Argo*. Mas, graças à mão ágil de mulheres tecedoras de tapetes, esses papéis foram integralmente reconstituídos.

Os sequestradores exigiam que o governo Carter deportasse o xá Mohammad Reza Pahlavi e pedisse desculpas públicas pela ingerência no Irã. Washington rejeitou as demandas com firmeza. Mas os estudantes tinham também um objetivo interno: aniquilar setores do regime contrários à linha dura seguida pelo aiatolá Khomeini. A primeira vítima foi o então primeiro-ministro Mehdi Bazargan, que renunciou no início da tomada da embaixada. Todas as vozes de oposição ao sequestro acabaram forçadas ao silêncio.

Pegos de surpresa com a brutalidade da ação, os Estados Unidos seguiram uma estratégia que consistia em pressionar o Irã por meio de sanções econômicas e ao mesmo tempo buscar caminhos de mediação. Até o lendário boxeador Muhammad Ali, convertido ao islã, foi usado para acenar aos iranianos, que deram de ombros. Americanos também arriscaram uma missão mirabolante

74 | Os iranianos

que visava infiltrar aviões e helicópteros de combate no Irã até chegar a Teerã e resgatar os reféns. A operação fracassou devido a panes técnicas e condições meteorológicas que derrubaram as aeronaves no meio do deserto iraniano, matando oito soldados americanos. "Carter ficou louco?", teria perguntado Khomeini a assessores. Por pouco, o aiatolá não ordenou a execução dos reféns em retaliação. Ele atribuiu a humilhação americana a uma intervenção divina, e sua popularidade disparou.

No segundo semestre de 1980, dois acontecimentos favoreceram os reféns americanos. Em julho, o xá Mohammad Reza Pahlavi morreu, após ser transferido para o Egito, o que esvaziou a principal reivindicação dos sequestradores. Menos de três meses depois, as tropas de Saddam Hussein atacaram e invadiram o Irã, selando um duro golpe contra o governo de Khomeini, que se viu pressionado a negociar. Um acordo mediado pela Argélia pôs fim a 444 dias de sequestro, e os reféns desembarcaram em Washington no dia 20 de janeiro de 1981, instantes depois do discurso de posse de Ronald Reagan, que havia derrotado um Carter desmoralizado pelo sequestro.

XIISMO, O ISLÃ EM TRANSE

No Brasil, usa-se o termo "xiita" como sinônimo de radical. O senso comum entre muitos brasileiros é de que os xiitas representam a facção mais fanática e intolerante entre as diferentes correntes do islã. Essa percepção é amplamente injustificada. As organizações islamitas mais extremistas são subprodutos do sunismo, que abraça cerca de 75% dos muçulmanos. O exemplo mais eloquente é a Al-Qaeda de Osama bin Laden, com suas ramificações no Iêmen, no Iraque, na Síria e na África. O Hamas, responsável pelos ataques mais sangrentos contra civis israelenses, é sunita. Como exemplo tem-se grupos ultrarradicais como Boko Haram, na Nigéria, e Abu Sayyaf, nas Filipinas, que cometem atrocidades em nome da religião.

Existem organizações xiitas violentas, como o libanês Hezbollah, misto de milícia, partido político e organização de amparo social. Mas o Hezbollah não adere à estratégia de usar a morte indiscriminada de civis como ferramenta válida para atingir seus objetivos. Ao contrário da Al-Qaeda ou do Boko Haram, o Hezbollah pretende ser levado a sério como ator racional e crível no campo político.

O estereótipo negativo deriva principalmente da intensidade e do culto à dor que caracteriza a espiritualidade xiita. O xiismo, com sua liturgia mórbida, nasceu de um sentimento de injustiça.

A imagem de nação radical | 75

Durante celebração da Ashura, homens em mesquita de Teerã fazem ritual de autoflagelo para lembrar o martírio do imã Hussein, morto por inimigos de forma sanguinária.

76 | Os iranianos

Após a morte de Maomé, no ano 632, um grupo de discípulos escolheu Abu Baker, sogro e homem de confiança do profeta, para assumir a sucessão à frente da comunidade islâmica. Os clérigos justificaram a indicação alegando que credenciais religiosas e de lealdade a Maomé eram preponderantes. Esses partidários da sucessão pelo critério do apego à tradição (*sunna*, em árabe) foram os primeiros sunitas.

Uma segunda corrente, formada por parentes e outros companheiros do profeta, defendia que a liderança da comunidade fosse dada de preferência a quem tivesse laços de sangue com o profeta. Adeptos dessa tese queriam designar Ali, genro e primo de Maomé, como comandante dos muçulmanos, um cargo chamado de califa. A palavra "xiita" vem de "shiat'Ali", que significa "partidários da herança de Ali". A contragosto, xiitas acataram a nomeação de Abu Baker.

Antes de ser derrotado por uma doença, Abu Baker nomeou um sucessor, Omar Ibn Al Khattab, que acabou assassinado. O terceiro califa, Otman bin Affan, também foi morto, abrindo caminho para que Ali pudesse finalmente assumir a liderança da comunidade. Mas o genro de Maomé tinha dificuldade para exercer autoridade sobre o cada vez mais vasto domínio islâmico. Em meio a várias rebeliões, foi morto por um dissidente em 661.

Quem se tornou califa após Ali foi seu filho Hasan, neto de Maomé. Mas Hasan morreu envenenado. Foi substituído por Hussein, seu irmão. O reino de Hussein esbarrou na poderosa dinastia Umíada, que não reconhecia sua liderança. Para acabar com ele, os umíadas cercaram Hussein e seus companheiros nos arredores de Karbala, no atual Iraque, para deixá-los sem água nem comida. Exaustos e desidratados, foram atacados e dizimados pelos umíadas, que não pouparam nem crianças e mulheres. Hussein teve a garganta cortada, após agonizar de sede.

Comemorada como uma das datas mais importantes do calendário islâmico xiita, a Batalha de Karbala definiu os contornos da liturgia xiita. A cada ano, na celebração da Ashura, representações do martírio de Hussein são encenadas em todas as cidades iranianas. Numa procissão muito parecida com a Paixão de Cristo, um escolhido caminha pelas ruas carregando algo muito semelhante a uma cruz. O cortejo é acompanhado por multidões de homens, que jogam os braços contra o peito ou a cabeça para encarnar a dor de Hussein. As batidas sincronizadas contra o próprio corpo geram um bumbo regular e melancólico, ao mesmo tempo que algum fiel narra, aos prantos, todos os detalhes das atrocidades cometidas contra Hussein e seus parentes. Alguns vão além da encenação e se autoflagelam de verdade com facões ou chicotes até sangrar. No feriado da Ashura, convém vestir-se de preto e abster-se de qualquer demonstração de alegria. Mesquitas se enchem de homens e mulheres que choram em voz alta.

O xiismo encara Ali e Hussein como imãs, cargo equivalente ao de santo emissário da palavra de Deus. A versão dominante entre xiitas estipula que houve 12 imãs após o profeta Maomé, mas o último deles ainda há de retornar à Terra. É o chamado imã oculto, venerado pelos iranianos religiosos, num reflexo do misticismo que desagrada sunitas, geralmente mais puritanos. O aiatolá Khomeini leva o título de imã, embora não esteja incluído na lista dos 12. Sunitas rejeitam a teoria dos imãs e sustentam que Maomé foi o último mensageiro. Na acepção sunita, imã é simplesmente quem conduz as orações na mesquita.

Muitos iranianos afirmam que a atual ideologia de resistência ao Ocidente ecoa a luta de Hussein contra inimigos mais poderosos. Historiadores também dizem que os ensinamentos de Hussein se refletem nos levantes históricos dos iranianos contra governos tidos como injustos – duas vezes contra monarcas no século XX e, em 2009, contra o presidente Mahmoud Ahmadinejad. "O imã Hussein está do lado do povo independentemente da política. Não tem nada a ver com estar a favor ou contra o governo", disse a dona de casa Fatemeh K.

O SACRIFÍCIO DA NAÇÃO PELA "GUERRA IMPOSTA"

O conflito Irã-Iraque, que se alastrou por quase toda a década de 1980, é lembrado como um dos mais atrozes da segunda metade do século XX. Com trincheiras insalubres, combates homem a homem em terras devastadas e mortes em massa, lembra a precariedade da Primeira Guerra Mundial (1914-1918). Mais de um milhão de pessoas morreram na disputa entre iranianos e iraquianos.

A guerra foi especialmente traumática para o Irã, que sofreu o ataque inicial, registrou baixas e perdas maiores que o Iraque e enfrentou praticamente sozinho um inimigo amparado pelas maiores potências mundiais.

No dia 22 de setembro de 1980, o ditador iraquiano Saddam Hussein iniciou a invasão do Irã por terra e ar, após dias de escaramuças entre soldados na fronteira. Obcecado pela dupla rivalidade histórica (árabes *vs.* persas; xiitas *vs.* sunitas), Saddam tinha duas motivações principais. A primeira era anexar o Khuzestão, região iraniana povoada por árabes, que Bagdá considerava sua área de influência natural. O Khuzestão representava a mesma coisa que a Crimeia para a Rússia. A segunda motivação de Saddam era impedir a recém-instalada teocracia iraniana de exportar sua revolução. O ditador, sunita, temia que Khomeini pudesse insuflar um levante dos xiitas iraquianos, majoritários no país.

Saddam apostava que o rastro de caos deixado pela Revolução de 1979 no Irã facilitaria a invasão e precipitaria a queda da teocracia. Mas a estratégia ficou registrada como um colossal erro de cálculo. Em vez de enfraquecer o aiatolá Khomeini, o ataque uniu a nação em torno dele. Patriotas por natureza, iranianos de todos os meios e credos cerraram fileiras para repelir o que ficaria conhecido no Irã como "guerra imposta".

Essa mobilização em massa tornou-se a maior arma da República Islâmica diante de um inimigo mais forte e mais bem equipado. Multidões de iranianos eletrizados pela ideologia do martírio xiita inflingiram duros golpes contra os invasores. Desde o início do conflito, o Irã recorreu a ataques com ondas humanas, formadas principalmente por adolescentes, que se sacrificavam ao avançar às centenas sobre posições iraquianas para surpreendê-las ou sobre campos minados para explodir os artefatos, permitindo o avanço dos soldados mais maduros. Famílias de todo o país enviavam seus filhos ao *front*, alguns com menos de 10 anos de idade, sabendo que provavelmente não recuperariam sequer os seus corpos. Jornalistas que cobriram o conflito relatam ter visto bandos de jovens alegres cantando "martírio! martírio!" enquanto caminhavam rumo ao campo de batalha. Esse tipo de notícia causava espanto no Ocidente, onde o sentimento anti-Irã já andava nas alturas por causa da invasão da embaixada americana.

Mas o Irã tinha magros recursos. As forças armadas, por sua lealdade ao xá, haviam sido dilaceradas. Dezenas de oficiais ligados ao antigo regime haviam sido executados. Os mais sortudos estavam presos. Sanções por causa da tomada de reféns americanos dificultavam a aquisição de armas e solapavam uma economia já em frangalhos por causa da instabilidade política. Além de profundas divisões internas, o governo de Khomeini sofria oposição cada vez mais violenta do Mujahedin-e-Khalk, organização marxista-islamita adepta de táticas terroristas. Isolado e detestado por boa parte do mundo, o Irã se contentava com o apoio limitado de outros Estados marginalizados, como Síria, Coreia do Norte e Líbia. Curiosamente, Israel também forneceu suporte limitado ao Irã, como veremos mais adiante.

Saddam Hussein, por sua vez, era abertamente endossado pelo Ocidente. Ao perceber a capacidade do Irã de resistir aos ataques iraquianos, os Estados Unidos reataram com o Iraque, com quem estavam rompidos por causa da hostilidade de Bagdá a Israel. A frente anti-Irã conseguiu a proeza de colocar do mesmo lado os antagonistas da Guerra Fria. A União Soviética foi a maior fornecedora de armas ao Iraque nos anos 1980.

O apoio diplomático a Saddam era tamanho que a ONU, pressionada pelas potências, se absteve de responsabilizar o Iraque por ataques com armas químicas que dizimaram milhares de civis iranianos. Teerã nunca respondeu na mesma moeda, preferindo abster-se de recorrer aos seus estoques de armas de destruição em massa.

Mas, após anos de conflito, Saddam quis um cessar-fogo, que foi rejeitado por Khomeini. Confiante, apesar das numerosas perdas, o líder iraniano acreditava que Deus o ajudaria a retaliar a invasão com uma vitória que levaria suas tropas a atravessar o Iraque até tomar Jerusalém. A guerra só terminou em 1988, sob mediação da Argélia.

As feridas da guerra continuam abertas. Muitos iranianos se lembram do pânico que sentiam, alguns ainda crianças, ao ouvir o som dos caças iraquianos voando sobre suas casas. O regime cultiva a memória da "guerra imposta" como um dos pilares da ideologia oficial. Teerã e outras grandes cidades têm museus com fotos horripilantes de crianças massacradas em ações iraquianas. Desde os anos 1980, o regime alterou as grades curriculares no primeiro e segundo grau das escolas, que até hoje têm aulas de formação teórica e prática militar. A TV estatal divulga fartura de documentários e reportagens sobre o tema, que também é retratado no cinema. O Estado dispõe de verbas especiais para incentivar cineastas a tratar do assunto.

O discurso oficial orgulha-se por não ter capitulado diante do inimigo. O Irã recuperou todos os territórios invadidos e ocupados pelo Iraque, martela a retórica do regime. A guerra também forçou a República Islâmica a desenvolver a indústria nacional, bélica principalmente, para sobreviver.

ÓDIO A ISRAEL

Poucas vezes na história contemporânea um país usou retórica tão agressiva contra outro como o Irã em relação a Israel. O aiatolá Khomeini qualificava o Estado judaico de "pequeno satã". O pequeno demônio, literalmente. Desde os primórdios da teocracia iraniana, Teerã tem como política oficial a rejeição total e absoluta de Israel, com quem rompeu relações ainda no calor da revolução contra a monarquia Pahlavi.

Aos olhos do regime islâmico revolucionário, Israel foi criado como parte de um complô para consolidar a estratégia neocolonialista ocidental no Oriente Médio e humilhar muçulmanos *ad eternum*. A ocupação de Jerusalém, cidade santa para as três grandes religiões monoteístas, seria o símbolo mais visível desse estratagema. Tanto Khomeini quanto seu sucessor na liderança suprema, aiatolá Khamenei, se referiram a Israel como "câncer" ou "tumor" que precisa ser removido. Mais uma vez, a ideia de que o Estado judaico é uma entidade maligna e detestável.

80 | Os iranianos

O Irã considera, oficial e legalmente, que Israel não existe. A nomenclatura oficial se refere ao país como "entidade sionista". Na mídia estatal, a palavra Israel é ocasionalmente pronunciada, mas quem falar em "Estado de Israel" está sujeito à demissão sumária. O grito "morte a Israel" é comum em quase todas as manifestações de apoio ao regime. A queima de bandeiras com a estrela de Davi é outro clássico das celebrações oficiais. Quem é processado por espionagem em favor do governo israelense dificilmente escapa da pena capital.

Cidadãos iranianos estão proibidos de visitar tanto Israel quanto territórios palestinos. Esportistas iranianos não podem enfrentar adversários israelenses em competições internacionais. Artistas devem evitar contato com colegas do Estado judaico. A equipe do filme *A separação* foi advertida por ter se encontrado e conversado com os atores e o diretor do filme israelense *Footnote* nos bastidores do Oscar 2012. O puxão de orelha só não foi maior porque o longa iraniano acabara de faturar uma estatueta. Mas eu soube, por fontes fidedignas, que o papo entre os artistas foi ótimo. Todo mundo falando sobre cinema de forma alegre e descontraída, sem qualquer sinal de atrito.

O ápice da tensão com Israel se deu durante os oito anos do governo de Mahmoud Ahmadinejad. O presidente martelou incontáveis vezes que Israel precisava ser "varrido do mapa". Há controvérsia sobre a tradução exata das falas. O historiador americano Juan Cole alega que se trata de uma metáfora, não de uma ameaça de guerra. Em 2012, o então embaixador do Brasil em Teerã, Antonio Salgado, afirmou durante palestra no Rio de Janeiro, ao lado do então chanceler britânico William Hague, que Ahmadinejad é mal compreendido. "Na verdade, ele não queria dizer que Israel deveria desaparecer do mapa, mas sim desaparecer da história. Seria mais uma analogia com o que aconteceu na União Soviética ou na África do Sul do *apartheid*", disse o diplomata ao jornal *Folha de S.Paulo* do dia 20/01/2012.

Ressalvas à parte, basta um pouco de bom senso para enxergar o óbvio: o Irã abomina e deseja o fim de um Estado membro da ONU. Não se trata de uma crítica contra um governo ou de resquícios de uma velha rixa. O sonho de alguns dirigentes iranianos é ver a eliminação, se possível sofrida, de um país e de seu povo. Uma ideia assombrosa que ecoa outra semelhante, implementada décadas antes pela Alemanha nazista. O Führer alemão Adolf Hitler também achava que judeus não mereciam existir e, por isso, orquestrou o extermínio, coordenado e sistemático, de seis milhões de judeus durante a Segunda Guerra Mundial.

Para alguns dirigentes iranianos, o Holocausto é uma realidade questionável. Campeão do negacionismo, Ahmadinejad sugeriu que quem acredita no massacre de judeus pelos nazistas não deveria ter medo de "novos estudos independentes" para checar o que "realmente" aconteceu. Em 2006 e 2007, Teerã acolheu neo-nazistas do mundo inteiro para "debater" o Holocausto. Ahmadinejad costumava destilar seu veneno revisionista com sorriso e em tom de humor, o que tornava ainda mais ultrajante seu desprezo por um dos maiores e mais cruéis crimes da história da humanidade. Para o líder supremo, Ali Khamenei, o Holocausto é um evento "incerto" que evidencia, segundo ele, os limites da liberdade de expressão no Ocidente. "Expressar dúvida sobre o Holocausto é um dos maiores pecados no Ocidente. [Ocidentais] prendem e processam os questionadores e ainda se dizem países livres", disse Khamenei no discurso pelo ano-novo persa de 1393 (2014).

É compreensível, portanto, que o Estado de Israel, surgido com o propósito de ser um porto seguro para judeus do mundo inteiro, se alarme com a possibilidade de o Irã adquirir a bomba atômica.

Apesar da retórica incendiária, a República Islâmica permite que sua minoria judaica viva em relativa tranquilidade. Judeus iranianos têm liberdade para manter escolas próprias e sinagogas em várias cidades do país. Eles podem até tomar vinho em ambientes privados. Mas são vetados de cargos públicos e altas posições acadêmicas. Também são pressionados a participar de manifestações de apoio ao regime e a jamais externar qualquer sinal de simpatia por Israel.

A República Islâmica diz ter respeito e apreço pelos judeus por serem um "povo do Livro", que crê no mesmo Deus que os muçulmanos. O problema, martela a propaganda, é o sionismo.

Numa operação de relações públicas que teve ampla repercussão internacional, Ahmadinejad estendeu o tapete vermelho diversas vezes para rabinos americanos e canadenses ultraortodoxos da seita Neturei Karta, que consideram o sionismo em sua forma atual contrário ao judaísmo. A imprensa oficial retratou as visitas como prova de que os "verdadeiros judeus" são amigos do Irã. Mas a seita reúne apenas alguns milhares de simpatizantes e tem representatividade pífia dentro e fora de Israel.

A política anti-Israel do Irã inclui ainda apoio militar, político e financeiro aos inimigos do Estado judaico, como o governo da Síria e os grupos armados Hamas, Jihad Islâmica, ambos palestinos, e o Hezbollah, do Líbano. Essas organizações, responsáveis pela morte de dezenas de israelenses, possuem agenda própria, mas atuam com frequência a serviço de Teerã.

Os sentimentos são recíprocos. Israel considera o Irã um país inimigo e, desde os anos 1990, insinua que pode atacar a República Islâmica a qualquer instante sob pretexto de que as centrais atômicas iranianas e as eventuais armas atômicas produzidas a partir delas são uma ameaça existencial para Israel. O Irã sofreu nos últimos anos constantes atos de sabotagem israelense, inclusive assassinatos de cientistas nucleares e contaminação por supervírus de computador.

Antes da Revolução de 1979, Irã e Israel cultivavam laços políticos, comerciais e militares. O Estado judaico seguia a recomendação de seu fundador, David Ben Gourion, que pregava proximidade com potências islâmicas não árabes como forma de enfraquecer os inimigos Síria, Iraque e Egito. Irã e Turquia faziam parte dessa doutrina, que ficou conhecida como "Aliança da periferia".

Mesmo após a queda do xá, iranianos e israelenses mantiveram agenda comum contra Saddam Hussein. O Irã ajudou Israel a preparar o ataque aéreo que destruiu o reator nuclear de Osirak, usado por Saddam para construir uma bomba atômica. Nos anos 1980, o Estado judaico ajudou a República Islâmica a adquirir armas dos Estados Unidos como parte de negociações para libertar reféns americanos sequestrados pelo Hezbollah no Líbano. Historiadores avaliam que o objetivo comum de acabar com o ditador iraquiano levou Israel a fornecer ao Irã armas num valor equivalente a meio bilhão de dólares em venda direta.

O enfraquecimento do Iraque, após a primeira Guerra do Golfo (1991), esvaziou o interesse comum, deixando em evidência a incompatibilidade entre Irã e Israel. A relação se deteriorou de vez em 2003, quando os Estados Unidos, então governados por George W. Bush, rejeitaram uma proposta pela qual Teerã oferecia uma tolerância com Israel em troca do reconhecimento do Irã como potência regional. O aiatolá Khamenei cultiva desde então a certeza de que concessões aos inimigos são inócuas.

Apesar da escalada que gerou fortes temores de guerra a partir de 2010, a imprensa israelense ainda publica ocasionalmente relatos de negócios clandestinos entre empresários dos dois países.

O PROGRAMA NUCLEAR

Boa parte da tensão internacional acerca do Irã resulta de seu programa nuclear. Potências ocidentais, monarquias árabes e Israel acusam Teerã de usar atividades nucleares civis para acobertar a fabricação de um arsenal atômico. Alegam que o regime iraniano é belicoso e irracional e, caso obtenha a bomba, estaria disposto a lançá-la contra o Estado judaico ou outros alvos inimigos.

O Irã rejeita categoricamente as acusações e argumenta que, na condição de signatário do Tratado de Não Proliferação Nuclear (TNP), tem direito de enriquecer urânio para fins pacíficos, desde que se submeta às inspeções da AIEA, a Agência Internacional de Energia Atômica, ligada à ONU. Autoridades iranianas afirmam que o programa nuclear visa à produção de energia elétrica e de isótopos médicos usados

A imagem de nação radical | 83

Vista aérea do complexo que abriga a sede da Agência Atômica do Irã e o reator nuclear de Teerã, que é movido a urânio enriquecido e serve para fabricar isótopos medicinais.

em diagnóstico e tratamento de câncer. O líder supremo, aiatolá Khamenei, declarou reiteradas vezes que possuir armas de destruição em massa seria "anti-islâmico".

O Irã diz se ater a um enriquecimento de urânio a 20%, grau de pureza necessário para fins civis. O problema é que esse nível supõe a superação de todas as principais dificuldades técnicas iniciais no caminho da bomba. Quem enriquece urânio a 20% consegue saltar com relativa facilidade até os 90% necessários ao uso militar.

Além de possuir centrais para enriquecer urânio, o Irã constrói um reator de água pesada na cidade de Arak, no sul do país, com o intuito de ter à disposição mais um equipamento para produzir isótopos médicos. Mas reatores de água pesada também podem ser usados para construir outro tipo de bomba atômica, a de plutônio.

Ocidentais e israelenses justificam suas preocupações por conta de dois fatores. Primeiro, o Irã é um dos maiores produtores mundiais de gás e petróleo, com reservas colossais inexploradas, e não teria razão para investir tanto em usinas nucleares para produção de energia. Segundo, os adversários do Irã o acusam de descumprir sistematicamente obrigações de transparência.

A República Islâmica sustenta que centenas de inspeções realizadas ao longo de dez anos em todas as instalações nucleares, até mesmo algumas militares (em tese, vetadas a inspetores), não foram capazes de comprovar as acusações de Israel e aliados.

O desenvolvimento da tecnologia atômica tem amplo respaldo da população, que a considera um direito inalienável e um sinal de grandeza científica e geopolítica. Contrariando a linha de pensamento oficial, alguns cidadãos defendem abertamente a necessidade de se munir da bomba atômica para repelir inimigos poderosos.

O programa nuclear iraniano foi lançado nos anos 1950 pelo xá Mohammad Reza Pahlavi, com apoio técnico e político de Estados Unidos, França e Alemanha. O objetivo declarado era reduzir a dependência do Irã em relação ao petróleo no longo prazo. O programa foi interrompido após a Revolução de 1979, quando engenheiros e técnicos ocidentais debandaram. Dois anos depois, o Irã comunicou à AIEA a retomada do enriquecimento de urânio. Surgiram rapidamente suspeitas de que a decisão de Teerã havia sido motivada pelo projeto de desenvolver secretamente uma bomba atômica para defender o país, então em guerra contra o Iraque. Mas, nos anos 1990, a normalização das relações diplomáticas de Teerã com as potências diluiu as suspeitas de atividades clandestinas. A Rússia aproveitou a distensão e arrematou contratos para fornecer técnicos e equipamentos às centrais nucleares iranianas.

A crise atual estourou em agosto de 2002, quando membros exilados do grupo dissidente iraniano Mujahedin-e-Khalk (MKO), autor de vários ataques terroristas nos anos 1980, convocaram uma entrevista coletiva em Washington para denunciar a existência de duas instalações nucleares não declaradas à AIEA; a primeira era a central de enriquecimento de urânio em Natanz (centro do país), a segunda, uma obra para construir um reator de água pesada em Arak (leste). A informação foi, segundo todas as evidências, repassada ao MKO por agências de espionagem de Israel ou países ocidentais. A AIEA exigiu acesso imediato às instalações, dando início a uma era de embate sobre o acesso de inspetores e sobre a interpretação dos acordos internacionais de não proliferação. Coube à União Europeia, por meio de suas três potências, França, Reino Unido e Alemanha, encabeçar conversas em busca de uma solução ao programa nuclear iraniano. Comandados por Hasan Rowhani, que se tornaria presidente do Irã em 2013, negociadores de Teerã suspenderam por dois anos as atividades nucleares como gesto de boa vontade.

Mas os acenos iranianos esbarraram na fúria vingativa que dominava os Estados Unidos após os atentados de 11 de setembro de 2001. O então presidente George W. Bush havia incluído o Irã em seu eixo do mal, ao lado de Iraque e Coreia do Norte. Após a invasão que varreu do poder o regime de Saddam Hussein, em 2003, Teerã temeu ser o próximo da lista e enviou a Washington uma oferta que ficou conhecida como "Grande barganha". A República Islâmica se comprometia a abrir totalmente seu programa nuclear, a suspender o apoio aos grupos Hamas e Hezbollah e até a reconhecer Israel. Em troca, esperava que o Ocidente reconhecesse o papel do Irã como potência regional e se comprometesse com uma espécie de pacto de não agressão. Bush ignorou a oferta, o que acabou revigorando os setores mais radicais do regime iraniano contrários à "Grande barganha". Na esteira desse episódio, Mahmoud Ahmadinejad foi eleito à Presidência, e o dossiê iraniano chegou ao Conselho de Segurança da ONU, que impôs, em 2006, a primeira de três rodadas de sanções multilaterais contra Teerã.

Punições ainda mais severas foram adotadas por União Europeia e Estados Unidos nos anos seguintes, sob pretexto de que o Irã deveria suspender suas atividades nucleares até que as dúvidas sobre a finalidade do enriquecimento de urânio fossem esclarecidas.

Em 2010, o Brasil de Lula costurou, com apoio da Turquia, um acordo pelo qual o Irã despacharia para o exterior seu estoque de urânio mais enriquecido e receberia em troca combustível nuclear para o reator de Teerã, usado para fins medicinais. Apesar de o acordo corresponder em grande parte àquilo que Obama havia prometido apoiar caso Lula arrancasse um compromisso iraniano, os Estados Unidos e aliados torpedearam a proposta. A partir de então, o Irã não só endureceu sua posição nas negociações, como também acelerou drasticamente seu programa nuclear. De 200 centrífugas em 2006, o país saltou para 19 mil em 2013. Para o aiatolá Khamenei, a pressão contra o programa nuclear maquia um esforço coordenado das grandes potências, que teria como verdadeiro objetivo derrubar a teocracia em Teerã e substituí-la por um regime mais dócil.

VIOLAÇÃO DE DIREITOS HUMANOS

A péssima imagem do Irã resulta, em grande parte, de seu pavoroso histórico de violação dos direitos humanos: pena de morte aplicada em larga escala por acusações do tipo "inimizade contra Deus"; assassinatos de opositores, tortura, estupros, prisões arbitrárias, violência contra manifestantes, imprensa cerceada, perseguição de minorias etc.

86 | Os iranianos

A reputação de regime violento e repressor é anterior à República Islâmica. No início de século XX, o xá Reza Pahlavi já era conhecido pela mão pesada na luta contra opositores, sindicatos e jornalistas. Seu filho e sucessor Mohammad Reza Pahlavi manteve a brutal tradição. Ao menos 300 opositores foram mortos pelo último xá da Pérsia, segundo a Anistia Internacional. Esse número não inclui as centenas de manifestantes massacrados durante protestos que culminaram com a Revolução de 1979. Torturas praticadas pela polícia secreta Savak nos anos 1970 incluíam estupros, pau de arara e choques elétricos nas partes genitais e no ânus. Mulheres eram torturadas com cobras vivas. Pai e filho da dinastia Pahlavi perseguiam religiosos islâmicos, privando-os de direitos básicos, como liberdade de usar o véu para quem quisesse.

Mas o governo revolucionário do aiatolá Khomeini não só descumpriu a promessa de acabar com a opressão, como acentuou a escala das atrocidades. Nos primeiros meses após a revolução, centenas de integrantes do velho regime foram executados no paredão de fuzilamento. Milhares acabaram atrás das grades sem direito a julgamento. A repressão acirrou-se depois que o MKO iniciou campanha terrorista que matou centenas de civis e de membros do governo Khomeini, incluindo o presidente Mohammad Ali Rajai e o primeiro-ministro Mohammad-Javad Bahonar, num atentado em 1981. Segundo o historiador Ervand Abrahamian, autor de *A History of Modern Iran*, o regime executou ao menos 8 mil opositores entre 1985 e 1988. A maior parte era suspeita de ligação com o MKO, mas entre os mortos havia também muitos comunistas, curdos e nacionalistas seculares. Ao fim da guerra com o Iraque, houve outra leva com centenas de execuções políticas, numa espécie de varredura para limpar prisões.

A eleição do reformista Mohammad Khatami à Presidência, em 1997, abriu uma era de maiores liberdades civis e individuais. Mas seus dois mandatos foram maculados pela repressão sangrenta de estudantes em 1999 e 2003 e por uma série de assassinatos de figuras ligadas à oposição. Khatami assistiu, impotente, a ações repressoras ocasionais por parte do Judiciário e do aparato de segurança, sobre os quais a Presidência tem tradicionalmente pouco poder na teocracia iraniana.

A chegada ao poder do linha-dura Mahmoud Ahmadinejad, em 2005, pavimentou o caminho para uma guinada repressora, que culminou com as cerca de 100 mortes de manifestantes no rastro dos protestos pela eleição presidencial de 2009. Sob o governo Ahmadinejad, a polícia moral fortaleceu-se, e o cerco à internet foi apertado. Mesmo após a chegada ao poder do conciliador Hasan Rowhani, em 2013, dezenas de críticos do regime continuavam atrás das grades. Entre eles estavam dois candidatos derrotados no pleito de 2009, Mir Hossein Mousavi e Mehdi Karoubi, que ajudaram a promover os megaprotestos contra a vitória supostamente fraudulenta de Ahmadinejad.

Violações de direitos humanos no Irã são constantemente denunciadas por ONGs, governos e relatórios da ONU. Teerá alega que as acusações servem apenas como pretexto das potências ocidentais para enfraquecer e desmoralizar a teocracia iraniana.

É válida a discussão acerca das motivações anti-Irã, mas isso não inviabiliza as críticas. O país é vice-campeão mundial em matéria de pena de morte, perdendo apenas para a China. O número de execuções saltou de menos de 100 em 2005 para 369 em 2013, segundo a Anistia Internacional. E, só nos quatro primeiros meses de 2014, quase 200 iranianos haviam sido executados, de acordo com a ONU. Opositores dizem que a cifra real é muito maior. A partir dos anos 1990, pelotões de fuzilamento foram substituídos por enforcamentos, alguns dos quais ainda acontecem em praça pública, num espetáculo macabro ao qual assistem até crianças.

Quase todas as condenações à morte são aplicadas contra homens acusados de narcotráfico ou estupro. Há casos, marginais, de execução pelo crime de "inimizade contra Deus" (moharebeh, em farsi), no qual se encaixam alguns dissidentes do regime, incluindo nostálgicos da monarquia. A execução de mulheres é rara. A morte por apedrejamento, embora estipulada pela lei para casos de adultério, foi aplicada poucas vezes. A última de que se tem registro foi em 2009, segundo o Comitê Internacional contra o Apedrejamento, baseado na Europa. Deputados adotaram nos últimos anos uma lei para banir a prática, mas não ficou claro se o texto tem força para se sobrepor à interpretação dos juristas mais conservadores e dos tribunais locais. Também são passíveis de execução os crimes de apostasia (conversão de um muçulmano a outra religião) e sodomia.

O Irã também é um dos recordistas mundiais em quantidade de jornalistas presos. Eram ao menos 45 em 2012, segundo a ONG Comitê de Proteção a Jornalistas. Apesar da flexibilidade editorial, que permite a publicação de uma diversidade de opiniões e inclusive algumas críticas, o país é terreno hostil para o livre exercício da profissão. Jornais de orientação reformista vivem sob constante ameaça de ser fechados. A liberdade de expressão no Irã é hoje maior do que na maior parte do Oriente Médio, mas manifestações foram banidas desde 2009, inclusive durante campanhas eleitorais, restritas a ginásios e outros locais fechados.

Em matéria religiosa, o país passou de um extremo ao outro após a revolução. Antes banido, o véu islâmico tornou-se obrigatório. Não usá-lo em locais públicos é crime passível de chibatadas, multa e prisão. A religião também serve de pretexto para perseguir mulheres com maquiagem carregada ou roupas coloridas. Homens não podem usar camiseta, regata nem short.

Judeus, zoroastras, católicos, assírios e ortodoxos podem praticar sua fé em relativa liberdade, mas cristãos protestantes são malvistos por sua suposta propensão a tentar converter muçulmanos. Há vários casos de iranianos encarcerados por terem renunciado ao islã. Situação mais difícil, porém, é a dos bah'aís, cuja religião não é reconhecida e que, portanto, devem viver sua fé na clandestinidade. Segundo a Anistia Internacional, mais de 200 bah'aís foram executados desde a Revolução de 1979.

O Irã padece, ainda, de uma clara desigualdade de gênero, mas a questão será detalhada no capítulo "Mulheres e minorias".

Apesar da adversidade, o Irã aplica regras de forma mais flexível que outros regimes autoritários. Mulheres apanhadas com véu impróprio dificilmente enfrentam processo. Música ocidental, legalmente vetada, toca em boa parte dos cafés e restaurantes de Teerá sem preocupar ninguém. Apesar da condenação da homossexualidade, o Estado distribui camisinhas nas prisões. Ao contrário do que ocorre em países vizinhos, estrangeiros no Irã são praticamente livres de serem incomodados pela justiça, desde que não se envolvam com questões políticas. (No Qatar ou em Dubai, há abundantes casos de europeus e americanos presos por dirigir embriagados.)

A pressão das autoridades iranianas segue uma lógica cíclica de morde e assopra. O ambiente das ruas, o teor das reportagens de imprensa e as conversas entre amigos podem mudar drasticamente de um mês para outro. Quem mora no Irã ou viaja ao país com frequência sente no dia a dia essa alternância, que foi parcialmente explicitada por Mohammad Bagher Khoramshad, então diretor-geral do Ministério da Cultura e da Orientação Islâmica, em entrevista à *Folha de S.Paulo* do dia 11/02/2012: "No início da revolução, o Irã dizia não ao estilo de vida ocidental como um todo. Hoje não é tão rígido, como se nota, por exemplo, no uso de calças jeans e no consumo de pizzas. [...] Mas há um claro recuo em relação à liberalização de alguns anos atrás, principalmente em relação às vestimentas femininas, submetidas a regras cada vez mais conservadoras. Na época de Khatami, as mulheres podiam usar roupa colorida e vestuário mais livre. As famílias estavam tranquilas em relação a isso. Mas, no final do governo de Khatami, havia mulheres que chegavam a extremos, e essas mesmas famílias já não achavam isso tão legal. Muita gente queria que algo fosse feito, e essa necessidade de voltar aos princípios necessários da Revolução Islâmica é uma das razões que levaram à eleição de Ahmadinejad. Havia uma demanda das pessoas por mais espiritualidade e para deixar de lado essa liberdade exagerada. Isso dito, se houve excessos no governo atual em relação ao ambiente mais fechado, então poderemos voltar a regras mais moderadas."

A fala teve algo de profético pois, no ano seguinte, a eleição presidencial levou ao poder o conciliador e moderado Hasan Rowhani.

SOCIEDADE EM TRANSFORMAÇÃO

A realidade social iraniana vai na contramão dos estereótipos de país medieval e pobre, veiculados em parte do Ocidente. Após profunda metamorfose na segunda metade do século XX, acarretada tanto pela dinastia Pahlavi como pelo Estado teocrático, o Irã ostenta indicadores que o assemelham em vários aspectos a nações desenvolvidas.

PAÍS DE CLASSE MÉDIA

A evolução da taxa de urbanização expõe com clareza a transição entre uma era de miséria rural até o período de relativo desenvolvimento na segunda metade do século XX. Em 1960, um terço dos iranianos viviam em cidades, segundo dados da ONU. Em 2011, a população urbana era de quase 70%.

Um dos indicadores mais eloquentes do relativo avanço social iraniano é a taxa de alfabetização de 93% entre pessoas de 10 a 49 anos, de acordo com dados oficiais do país. Antes da Revolução de 1979, o número era 42%. Esse dado reflete a penetração do Estado nas áreas mais remotas do território iraniano. Até a aldeia de Shafiabad, com apenas 150 habitantes, no coração do deserto de Dasht-e Lut, tem escola de ensino básico. Há universidades públicas e privadas em todas as regiões.

O sistema de saúde pública é superior ao padrão brasileiro. A maior parte dos hospitais iranianos fornece um serviço digno, apesar da dificuldade em adquirir alguns remédios e equipamentos por causa das sanções econômicas. Já a medicina privada tem preços irrisórios. Uma consulta com clínico geral na emergência de um hospital particular de Teerã custa em torno de US$ 7. Impressiona a quantidade de médicos com formação ou especialização na Europa ou nos Estados Unidos.

90 | Os iranianos

A relativa qualidade dos serviços públicos, incluindo escolas e universidades gratuitas, ajuda a compensar os salários muito baixos, se comparados com a realidade ocidental. A média gira em torno de US$ 500 mensais. Dificuldades vêm se acirrando devido ao misto de inflação, queda do poder aquisitivo e desvalorização da moeda que se consolidou a partir do governo Ahmadinejad. Muitas famílias só conseguem sobreviver graças às remessas mensais equivalentes a cerca de US$ 20, às quais todo cidadão tem direito, e aos subsídios para combustível, pão e transporte coletivo. Desastre para os cofres públicos, benção para a população mais carente. No início de 2014, o presidente Rowhani iniciou um plano nacional para reduzir subsídios. A primeira etapa dessa manobra politicamente arriscada foi cortar o financiamento dos combustíveis, o que levou à disparada imediata do preço da gasolina. Um número crescente de iranianos diz sentir na pele o empobrecimento geral do país, que contrasta com as fortunas colossais acumuladas por quem consegue lucrar com as sanções. Em tempos de isolamento, encontrar vias de acesso ao comércio mundial ou especular no ramo certo equivale a ganhar na loteria. Novos ricos fazem rugir suas Ferraris e Maseratis nas ruas arborizadas do norte de Teerã que lembram o bairro paulistano Jardins. À elite emergente somam-se velhas famílias burguesas que atuam no comércio ou em profissões liberais. Alguns círculos da aristocracia tradicional impressionam pela erudição e pelo gosto sofisticado.

Apesar do abismo que separa ricos e pobres, o Irã está longe da miséria que salta aos olhos em larga escala em países como Índia ou Egito.

Pelas contas da ONU, o Irã entra na categoria dos países com Índice de Desenvolvimento Humano (IDH) "alto", a exemplo do Brasil, abaixo de muito alto e acima de médio e baixo. Mas os iranianos (76º no *ranking* mundial) estão à frente dos brasileiros (85ª) na edição 2012 desse *ranking*, que leva em conta expectativa de vida, educação (alfabetização + escolarização) e renda. No Oriente Médio, o Irã supera a Turquia (90º), mas fica muito atrás de Israel, líder absoluto em desenvolvimento humano na região (16º).

O IDH do Irã teve um aumento duas vezes mais rápido que a média mundial, crescendo 67% entre 1980 e 2012, o equivalente a 1,60% ao ano, enquanto o restante do mundo evoluiu a uma média de 0,69% ao ano. "Do ponto de vista do desenvolvimento humano [no período de 1980 a 2012], as políticas de intervenção do Irã foram tanto significativas quanto apropriadas para produzir a melhora no IDH", afirmou o representante da ONU no Irã, Gary Lewis, numa cerimônia pública em 2012.

Carros Porsche e Ferrari, modelos caríssimos, estacionados em rua do norte de Teerã. O Irã tem muitas famílias milionárias. Uma grande parcela delas enriqueceu graças às sanções, aproveitando-se de brechas no comércio exterior ou da especulação com ouro e dólar.

DEMOGRAFIA À MODA EUROPEIA

A mesma ONU que elogia o Irã por suas políticas sociais toca o alarme no quesito demografia. Se os iranianos não tiverem mais filhos, o país corre o risco de ver sua população declinar a partir de 2030, o que poderia trazer consequências catastróficas para a economia, já que governos precisam de crescimento populacional para garantir o financiamento de aposentadorias e saúde pública.

O Irã tem uma taxa de crescimento da população de apenas 1,3%. Cada mulher iraniana tem em média 1,6 filho, contra 5,2 em 1986, o que representa uma das quedas mais abruptas já registradas no mundo. Um quinto dos casais iranianos não têm filhos, e 17,5% possuem apenas um. Os dados, apontados pelo censo populacional de 2011, levaram o Ministério da Saúde a incentivar mulheres a terem "cinco ou seis crianças". O Estado, desde então, freou programas de planejamento familiar e reduziu abruptamente a distribuição gratuita de contraceptivos.

"O número de filhos precisa atingir a todo custo a meta de dois por família, mesmo que isso cause desemprego, porque desemprego é melhor do que extinção", afirmou Mohammad-Javad Mahmoudi, pesquisador do Ministério da Ciência e Tecnologia, em declarações à imprensa, em 2012.

92 | Os iranianos

Idosos conversam em bazar de Teerã. Com alta expectativa de vida e baixa taxa de natalidade, o crescimento populacional iraniano está ameaçado.

Ao longo das últimas décadas, o Irã vem alternando períodos de restrição e incentivo à natalidade. Antes da Revolução de 1979, sob o regime Pahlavi, o Estado buscava um rigoroso controle da natalidade, segundo o modelo europeu de transição demográfica. Nos anos 1980, o aiatolá Khomeini inverteu essa tendência ao pedir aos iranianos que fizessem mais filhos para formar um "Exército de 20 milhões de soldados" capaz de derrotar o arqui-inimigo Iraque de Saddam Hussein. Com o fim da guerra, o controle populacional foi retomado como forma de minimizar o desemprego e as demandas sociais num país em ruínas. A gangorra voltou a pender para o incentivo à natalidade no governo de Ahmadinejad, que passou a financiar a mensalidade escolar até os 18 anos de idade.

O Irã é muitas vezes retratado na mídia ocidental como um "país jovem", o que reforçaria a expectativa de parte do Ocidente em ver a sociedade explodir sob a pressão autoritária do regime. Trata-se de uma semiverdade. Iranianos com menos de 24 anos são 43% da população, segundo o banco de dados do governo americano. Taxa praticamente idêntica à de Israel. Jovem mesmo é o Egito, onde a faixa etária equivalente compõe mais de 50% da população. Em Bangladesh, o número é quase 52%.

TRADIÇÕES SOCIAIS EM CRISE

A juventude iraniana, principalmente a urbana e de classe média, parece dilacerada entre os já mencionados hábitos liberais, por vezes promíscuos, e tradições profundamente ancoradas na vida familiar. O dilema se reflete com vigor redobrado na vida amorosa, na qual os referenciais são muitas vezes confusos e desconcertantes.

Dados compilados pelo acadêmico americano Nicholas Eberstadt, do American Enterprise Institute, e publicados em 2013, indicam uma profunda mudança na maneira de viver relacionamentos sexuais e afetivos no Irã. A idade média de casamento para os homens passou de 20 para 28 anos em três décadas. A maioria das mulheres se casam após os 24 anos. Dez anos atrás, elas se casavam predominantemente a partir dos 19 anos. Cerca de 40% dos adultos em idade marital são solteiros, segundo o estudo de Eberstadt, que também indica uma explosão dos divórcios – 50 mil separações registradas em 2000; 150 mil dez anos depois. Em 2013, o então vice-ministro do Esporte e da Juventude, Mahmoud Golnari, disse à agência de notícias ISNA que um terço dos casamentos nas grandes cidades iranianas resulta em divórcio em menos de quatro anos. Nas aglomerações menores, a proporção equivalente é um quarto. Em 2008, o mesmo Ministério do Esporte e da Juventude divulgou pesquisa na qual a maioria dos homens iranianos admitia ter tido ao menos uma relação sexual antes do casamento.

Antes de se casarem, noivos são obrigados por lei a seguir uma espécie de curso de convivência – homens numa sala, mulheres em outra. Longe do moralismo que se esperaria numa teocracia, o procedimento aborda sem tabu vários temas relacionados à vida a dois, desde prevenção de doenças sexualmente transmissíveis até prazer sexual, passando por fundamentos de psicologia. Ao contrário de muitos países de maioria islâmica, a formalização do casamento no Irã se dá por um processo civil que consiste essencialmente em burocracias de cartório. A cerimônia religiosa é opcional.

94 | Os iranianos

O panorama é atribuído em grande parte a um misto de urbanização, generalização do acesso à informação, inclusive via internet, e ao surgimento de uma população feminina instruída e independente. Como já mencionado, políticas de controle populacional contribuíram para dissociar a mulher do papel de mãe, incentivando a emancipação de amplos segmentos femininos, principalmente nos meios urbanos. No polêmico artigo "Erotic Republic", publicado em 2012, na revista *Foreign Policy*, o acadêmico iraniano-americano Afshin Shahin, da Universidade Exeter, falou em "revolução sexual iraniana". A teoria é contestada por gente que diz que os jovens no Irã têm a mesma aspiração por ousar e experimentar que no resto do mundo. Plausível. Mas quem morou em vários países do Oriente Médio constata no Irã uma liberdade sexual maior do que na vizinhança.

A dinâmica interna entre casais é semelhante à ocidental: sexo pré-marital, traição ocasional, troca de parceiros etc. Mas a relação da entidade namorado-namorada com as famílias ainda está atrelada a valores tradicionais profundamente ancorados nas mentalidades. Parceiros só são apresentados aos pais quando passam à condição de noivo, mesmo em famílias modernas. Para viver pública e abertamente uma relação amorosa, jovens geralmente precisam da benção dos pais, que exigem conhecer o(a) escolhido(a). A tradutora Guita, por exemplo, já teve dezenas de namorados. Mas a moça, de 20 e poucos anos, jamais apresentou nenhum aos pais.

Num país onde jovens só abandonam o lar quando casados, são raríssimas as famílias que aceitam que o filho ou a filha traga o parceiro para dormir em casa. Pedidos de casamento são de um formalismo incompreensível para padrões ocidentais. Num claro sinal do modelo patriarcal ainda em vigor, o pretendente, acompanhado do pai, deve solicitar ao sogro em potencial a mão da filha dele. Em alguns casos, a mãe do rapaz poderá fazer a abordagem inicial. O pretendente terá de dizer quanto ganha e quando planeja comprar carro e casa, além de prometer preservar os laços da moça com sua família. Na prática, isso equivale com frequência a um juramento de que os recém-casados irão morar perto dos pais da moça. Até décadas atrás, quando prédios de apartamentos eram raridade, famílias inteiras compartilhavam a mesma casa ou, nos meios aristocratas, o mesmo jardim com mansões ao redor. Esse convívio permanente entre tios, tias, primos e primas é retratado com maestria no divertidíssimo *Uncle Napoleon*, de Iraj Pezeshkad, um clássico da literatura iraniana do século XX.

Jovem moça alternativa em café de Teerã decorado com retrato do escritor alemão Franz Kafka. A cultura ocidental está por toda parte, apesar da resistência das autoridades morais.

Sociedade em transformação | 95

96 | Os iranianos

Casamentos arranjados são cada vez mais raros, mas ainda existem situações como a de Pedram, um rapaz que mandou sua mãe bater à porta da família de Farnaz, sua vizinha de rua, para pedi-la em casamento. O pai de Farnaz se empolgou com a ideia. "Minha filha, este rapaz é de boa família, como a nossa. É saudável e trabalhador. Você deveria considerar." Farnaz enfureceu-se com a intromissão do pai. A mãe apoiou a filha, e nunca mais se falou no pretendente.

Jovens adultos parecem ser os que mais sentem na pele as contradições entre tradição e modernidade. "Famílias ainda pensam de forma muito tradicional, mas os jovens sabem tudo o que se passa no mundo por meio da internet. O modelo familiar tradicional está em conflito com o que eles veem lá fora", diz Azadeh, engenheira informática de 32 anos, divorciada.

A jornalista Afsaneh, solteira, de 33 anos, é moderna e secular. Abomina o machismo e diz que jamais usaria o véu se não fosse obrigatório. Mas, como muitos iranianos de sua geração, ela deixa claro seu apego às tradições. "Não gosto de casamento arranjado errado, mas acho muito melhor quando duas pessoas são apresentadas à moda antiga e levam em conta a opinião dos pais. Casamentos assim duram mais."

Na ala masculina, o empresário Mehron, de 29 anos, coleciona namoradas e ocasionalmente recorre a prostitutas. Mas ele diz que a escolhida para ser sua esposa deverá ser "moça direita" e "de boa família". O fotógrafo Abbas, de 30 anos, paquerador assumido, dispensou Guita, citada anteriormente, por achá-la "moderna demais". Já Salar, de 27 anos, se diz moderno e não religioso, mas detesta mulheres que fumam e vão às festas com roupas provocantes.

INSTRUÍDOS E CULTOS

Na metade do século XX, o Irã era um país profundamente rural e conservador. A taxa de alfabetização em 1966 não chegava a 27%, segundo banco de dados oficiais. O índice mais do que triplicou em quatro décadas. Hoje, ao menos 93% dos iranianos sabem ler e escrever – se incluída apenas a população de 10 a 49 anos. O salto se deve aos enormes esforços em direção à universalização do ensino, tanto da monarquia como da teocracia. Aliás, a obsessão pela educação é uma das principais similaridades entre os dois regimes. Ambos disseminaram o ensino básico até nas regiões mais remotas e tentaram transformar universidades nacionais em centros de excelência com padrão universal de qualidade.

No Irã não se brinca com estudos. Dedicar-se e formar-se é obrigação de todos os jovens. São muito malvistos aqueles que não se esforçam nesse sentido.

Sociedade em transformação | 97

Obra para construção do viaduto Sadr, que foi inaugurado em 2013 e ajudou a desafogar o trânsito a norte e leste de Teerã. O Irã é conhecido como "país de engenheiros".

O sistema de ensino iraniano é extremamente competitivo e elitizado. A exemplo da tradição francesa das *grandes écoles*, que formam a elite da nação, o país tem cursos disputadíssimos que praticamente garantem emprego na saída. Alunos iranianos se destacam em muitas das melhores universidades do mundo. O forte da República Islâmica são as Ciências Exatas, verdadeira paixão nacional. Não por acaso, as maiores glórias do ensino no país são duas universidades de Teerã que se destacam principalmente em Exatas. Uma é a Shahid Beheshti, situada no norte da capital. Outra é a Sharif, no sudeste da capital, que encantou o americano Burton

Richter, prêmio Nobel de Física (1976). "Os estudantes aqui são impressionantes", disse Richter ao visitar a universidade em 2007, segundo relatado em reportagem *in loco* do *Washington Post*. "Espero ouvir falar muito de todos vocês no futuro."

É notável a quantidade de jovens iranianos, homens e mulheres, que se dedicam a estudar Engenharia na faculdade. Muitos aspirantes a engenheiros trilharão outros rumos, como Paniz, de 28 anos, que se tornou agente de viagens, ou Hamid, de 36 anos, jornalista. Pouco importa. Estudar Exatas Aplicadas é opção preferencial na hora de escolher um curso superior.

Engenharia é levada tão a sério que a palavra "mohandês" (literalmente, engenheiro) é usada como sinônimo de *status* social. Uma pessoa que quiser agradar o interlocutor deverá se referir a ele ou ela como mohandês. Num país com estrutura social hierarquizada ao extremo, mohandês só perde em importância para o título máximo de "doutor", usado para se referir a titulares de doutorado, mas também a altos dirigentes ou personalidades. Iranianos sentem necessidade de rotular pessoas em função de suas credenciais acadêmicas, causando ocasionalmente situações embaraçosas. Alguém me

Vista de uma torre de vento, em Yazd, região central do Irã, usada para refrescar as casas na Antiguidade. Essa tecnologia é tida como antecessora do ar-condicionado moderno.

contou que, durante visita de Lula ao Irã, em 2010, o aiatolá Khamenei ficou perplexo ao saber que receberia oficialmente alguém sem diploma universitário.

Iranianos demonstram afinidade com tecnologia desde a Antiguidade. Eram persas os inventores do qanat, espécie de canalização subterrânea para encaminhar água das nascentes até áreas de plantio. O qanat mais velho do mundo, construído há 2700 anos, irriga até hoje plantações na cidade de Gonabad, no leste do país. Há quem defenda que a primeira bateria foi obra dos persas. A lista de heróis da História iraniana inclui grandes cientistas, como o astrônomo e matemático Omar Khayyam, mais conhecido no Ocidente por seus poemas, e o gênio Avicena, autor de uma das mais importantes enciclopédias de Medicina da Idade Média.

A criatividade científica e tecnológica se manteve ao longo da história e foi, com frequência, incentivada pelos dirigentes. Os reis sassânidas eram ávidos admiradores de proezas científicas. Os xás Pahlavi tinham a seu serviço batalhões de engenheiros para tocar as grandes obras urbanas de infraestrutura destinadas a pavimentar o caminho do país rumo à modernidade. Foi Mohammad Reza Pahlavi quem iniciou o programa nuclear iraniano. O Estado islâmico manteve as ambições tecnológicas e transformou a ciência atômica num instrumento de prestígio e projeção internacional – ou intimidação, segundo críticos. Após anos de esforço e investimento bilionário, o Irã hoje domina todas as fases do ciclo nuclear. O Estado iraniano, que detém o monopólio do setor, é capaz de transformar urânio natural em combustível nuclear altamente enriquecido para fins medicinais, agrícolas e energéticos. Caso decidisse fabricar uma bomba atômica (de urânio ou plutônio), só precisaria de alguns meses de trabalho redobrado nas centrais nucleares. Um eventual ataque israelense ou americano pode até destruir a infraestrutura física, mas a expertise é inapagável. Por enquanto, o poderio bélico está assegurado por uma série de armamentos de fabricação nacional, outro motivo de autoglorificação, que inclui aviões não tripulados, mísseis de longo alcance e barcos de combate.

Sob impulso do governo teocrático, Teerã também desenvolveu um programa espacial que já colocou em órbita um satélite e alguns animais vivos. O Irã é a décima potência mundial em matéria de nanotecnologia e costuma fazer bonito em competições de ciência mundo afora. A cada ano, Teerã recebe a Robocup, misto de feira e competição internacional de robôs, que inclui partida de futebol entre humanos e máquinas. Em 2012, o Irã foi o 17º com maior produção científica mundial, segundo o Scopus, um banco de dados dedicado a trabalhos acadêmicos. Nos últimos anos, a República Islâmica registrou a maior disparada mundial em termos de publicação científica – 736 artigos internacionais em 1996 contra mais de 13 mil em 2008. A contagem está publicada na revista americana *New Scientist*.

100 | Os iranianos

O regime considera o desenvolvimento científico um motivo de orgulho patriótico. A propaganda oficial martela a ideia de que as conquistas tecnológicas provam a capacidade da nação iraniana de resistir à pressão política e às sanções. "Se você busca a ciência, estará causando insatisfação e incômodo ao inimigo", disse o aiatolá Khamenei ao visitar um laboratório de células-tronco em 2006, segundo o *Washington Post*.

Difícil acreditar que tantos êxitos sejam possíveis quando o Estado dedica um orçamento irrisório para pesquisa em ciência e tecnologia (0,87% em 2009, contra uma média mundial de 1,4%). Devido ao mercado saturado e aos salários baixos, muitos estudantes e engenheiros formados migram para a Europa ou os Estados Unidos. É a chamada fuga de cérebros, fenômeno comum nos países em desenvolvimento, que veremos no capítulo seguinte.

Também é curioso constatar o surpreendente nível médio de conhecimentos gerais da população. Perdi a conta das vezes em que taxistas dissertaram comigo sobre o colapso da União Soviética ou demonstraram saber que o Brasil era o único país da América Latina a falar português. Todo mundo parece saber que, no sistema político dos Estados Unidos, o Executivo com frequência enfrenta resistência do Congresso. Meu barbeiro adorava dissertar sobre o fundo de investimentos do bilionário húngaro-americano George Soros. Uma das conversas mais interessantes no período em que morei no Irã foi com um professor de Geografia que sabia tudo sobre Juscelino Kubitschek e a construção de Brasília sem nunca ter pisado nas Américas. A elite iraniana está cheia de pessoas poliglotas e amantes de artes. Erudição plena, à moda antiga.

Tudo isso se deve ao sistema de ensino, eficiente e abrangente, e ao milenar protagonismo do país no jogo internacional, que parece compelir iranianos a interessar-se pelo mundo à sua volta. Mas vejo outra explicação preponderante: iranianos são vorazes consumidores de notícias.

Uma das cenas mais típicas da paisagem de Teerã é a de homens e mulheres amontoados diante de uma banca de revista observando as capas de dezenas de jornais e revistas estendidos no chão. Apesar das restrições à liberdade de expressão, existem publicações para todos os gostos e opiniões. Os ultraconservadores adoram o *Keyhan*, diário que atua como porta-voz das facções mais duras do regime. O jornal oficial é o *Iran*, cuja orientação oscila conforme o ocupante da Presidência. Reformistas e liberais se identificam com o *Shargh*, jornal que insiste em testar as linhas vermelhas oficiais em questões como direitos humanos. Em função disso, vive sob constante pressão das autoridades, que já o censuraram várias vezes. Moradores de Teerã interessados em noticiário local e informações práticas optam pelo *Hamshahri*, bancado pela prefeitura e pelos classificados. Com 400 mil cópias

Homem observa jornais exibidos em banca de revista no centro de Teerã. O Irã tem fartura de publicações periódicas, muitas das quais são ligadas às autoridades, que as financiam e orientam seu conteúdo. Também existem jornais independentes.

por dia, é o jornal de maior tiragem em todo o país. Anglófonos e expatriados geralmente leem publicações em inglês, como *Tehran Times* e *Iran Daily*, que ocupam metade de suas páginas com temas internacionais. A imprensa iraniana tem também vários jornais esportivos e revistas especializadas em Ciência e Sociologia. Publicações estrangeiras, como *Economist* ou *Le Monde*, são encontradas apenas em raras bancas e livrarias de Teerã. Em 2012, a *National Geographic* lançou uma versão em farsi, chamada *Guita*.

Em matéria de informação na TV, o aparato estatal tem vários canais de notícias que, apesar de repetirem à exaustão a versão do regime, trazem fartura de documentários e reportagens sobre temas internacionais. Não são raros os casos de produção própria, em que equipes são despachadas mundo afora para reportar sobre temas não necessariamente ligados ao interesse imediato do Estado. Já vi produções sobre Mianmar ou sobre o problema dos mineradores no Peru.

Mas iranianos não se atêm aos canais estatais. Para amplos segmentos da população, emissoras estrangeiras em farsi são a principal fonte de informação, como veremos a seguir.

102 | Os iranianos

INVASÃO CULTURAL OCIDENTAL

O Estado iraniano detém monopólio sobre as emissoras de TV e rádio. No entanto, por mais que a colossal Islamic Republic of Iran Broadcast (IRIB) se esforce para oferecer programas modernos e populares, é difícil achar um lar que se contente com o conteúdo nacional. Quase todas as famílias no país possuem antena parabólica para receber canais estrangeiros. O equipamento é proibido e sujeito a apreensão e multa, sob pretexto de veicular conteúdo moralmente corrupto usado pelos inimigos do Irã para desestabilizar o regime. Mesmo assim, antenas podem ser facilmente adquiridas e instaladas, levando para dentro das casas emissoras tão diversas como MTV Líbano, canais eróticos europeus e redes de notícias na linhagem de CNN e afins.

Mas quando alguém adquire uma parabólica, o objetivo principal é acessar canais em farsi que emitem a partir dos Estados Unidos, da Europa ou de Dubai. São dezenas de estações oferecendo aquilo que os iranianos não veem na IRIB: filmes ocidentais com cenas sensuais, videoclipes, jornalismo crítico do regime e debates sobre questões tabus no Irã, como aborto e herança da era Pahlavi. Tudo em farsi, produzido por iranianos para iranianos. Entre os canais mais populares estão Farsi 1 (Dubai) e BBC Persian (Londres), voltados para a diáspora, mas amplamente vistos dentro do Irã, e emissoras com claro viés antirregime, como a Voice of America, bancada pelos Estados Unidos.

Iranianos também são ávidos consumidores de filmes ocidentais. Numa tentativa de cativar audiência, a TV estatal rendeu-se ao inimigo e divulga com frequência produções hollywoodianas. A preferência é por filmes de ação e moralmente inócuos, como *Duro de matar* e *Passageiro 57*, dublados em farsi e editados para eliminar cenas de beijos ou decotes generosos. Mas iranianos têm acesso a todo tipo de longa-metragem, não só graças às TVs estrangeiras, como também graças a sites para baixar filmes na internet ou camelôs vendendo DVDs piratas de todo tipo. "Se eu não tiver o que você procura, me avise que eu descolo", me disse um vendedor que ostentava sua mercadoria – em tese proibida – no meio da rua. Nas salas de cinema, filmes ocidentais são ocasionalmente projetados. Em 2012, vi *Onde os fracos não têm vez*, dos americanos irmãos Cohen, numa sala de cinema em Teerã. O padrão, no entanto, é a produção e comercialização de filmes nacionais que jamais chegam ao exterior. Os maiores sucessos de bilheteria no país são comédias pastelão ou superproduções de ação com viés pró-regime. Cineastas cultuados no Ocidente, como Abbas Kiarostami ou Asghar Farhadi, atuam legalmente, e sua popularidade nacional se restringe a meios artísticos e alternativos nas grandes cidades iranianas.

Sociedade em transformação | 103

Em matéria musical, cantos e instrumentos persas tradicionais enchem muita gente de orgulho. Embora a produção nacional tenha entrado em triste declínio após a Revolução de 1979, inclusive por causa do veto imposto desde então ao canto feminino, a cena ainda tem grandes artistas, como Sharam Nazeri e Reza Shajarian. O que se percebe, contudo, é que parece haver no país predileção cada vez maior por estilos de música ocidental adaptados ao gosto local. O que mais se ouve em festas privadas e casamentos é um pop persa moderno, que mistura vocais românticos em farsi com batidas eletrônicas aceleradas. Sempre achei um atentado aos ouvidos, mas os iranianos adoram e decoram a letra dos principais hits, entoados aos gritos quando está todo mundo dançando. Teerã tem uma vibrante cena *underground*, com excelentes bandas de blues, como Bomrani, ou rock, como os Muckers, disputadíssimas no circuito clandestino.

A invasão cultural ocidental também se dá num outro grande mercado local, o da literatura. Iranianos adoram ler autores estrangeiros, cujas obras são encontradas

DVDs de filmes americanos, em tese proibidos, são vendidos em plena luz do dia por camelôs de Teerã.

Samy Adghirni

sem dificuldade, nas inúmeras livrarias espalhadas pelo país. Pelo fato de o país não ter uma lei enquadrando direitos autorais, obras de fora são traduzidas sem restrições, numa briga anárquica entre editoras. Um dos escritores mais populares no país é o brasileiro Paulo Coelho, que, nos anos 1990, foi o primeiro autor ocidental oficialmente convidado ao Irã. Um diplomata brasileiro que serviu em Teerã me relatou que sua professora de farsi era fã de Machado de Assis, cujas obras havia encontrado traduzidas para o farsi. Iranianos também adoram Gabriel García Márquez, Samuel Beckett e Antoine de Saint-Exupéry.

Em tese, obras estrangeiras só podem ser traduzidas e comercializadas com permissão do Ministério da Cultura e da Orientação Islâmica. Mas as autoridades morais não parecem se importar muito com o mercado literário. A Feira do Livro de Teerã convida sempre dezenas de autores ocidentais.

Valores e ideias ocidentais também são veiculados em larga escala graças à internet, que foi abraçada com entusiasmo pelos iranianos.

LOUCOS POR INTERNET

O Irã é, em números absolutos, o país com a maior quantidade de usuários regulares da internet em todo o Oriente Médio. São quase 43 milhões de internautas, segundo o Internet World Stats, um site que compila dados do mundo inteiro. A liderança do *ranking* decorre, em parte, do maior volume populacional iraniano comparado com outros países da região. Mas a Turquia, por exemplo, tem menos usuários que o Irã (36 milhões), apesar de ser mais populosa – e mais próspera.

Nas cidades, a maioria dos lares dispõe de conexão. Quem não pode se dar ao luxo de comprar um computador pessoal passa horas em cibercafés, espalhados por todo o país. Boa parte dos órgãos de governo têm sites interativos, o que permite à população resolver pelo computador diversas burocracias, desde assuntos de cartório até pagamento de contas e multas. Ingressos de cinema e eventos culturais são facilmente disponíveis on-line. A internet está plenamente incorporada ao dia a dia. Iranianos também adoram ter blogs e costumam ser hiperativos nas redes sociais, em tese bloqueadas pelos filtros onipresentes que caracterizam a navegação na rede iraniana. Existem vários sites de paquera, alguns dos quais são legalmente autorizados.

O cerceamento on-line é um dos pilares do aparato nacional de repressão política e moral, transformando o Irã num dos piores países do mundo em matéria de liberdade na internet. Há milhares de sites bloqueados, desde Facebook e Twitter, passando por páginas de notícias, como BBC e os principais jornais brasileiros. Obviamente, todos os endereços israelenses são vetados, assim como URLs que contenham a palavra "sex". Quem tenta acessar sites proibidos é recebido com uma página em farsi que, "em nome de Deus, o Clemente, o Misericordioso", avisa que o conteúdo é islamicamente impróprio e sugere uma lista de sites nacionais relacionados a esporte e temas familiares.

Esta é a página que aparece na tela toda vez que um internauta dentro do Irã tenta acessar sites bloqueados. O site de redirecionamento lista tópicos "lícitos" que reúnem sugestões de sites agrupados por temas.

As autoridades apertaram o cerco contra os internautas após a conturbada reeleição de Mahmoud Ahmadinejad, em 2009, quando ativistas da oposição usaram as redes sociais para mobilizar multidões em todo o país contra supostas fraudes na contagem dos votos. Desde então, o número de sites bloqueados disparou, e o governo criou unidades de polícia cibernética para caçar postagens dissidentes e seus autores. Em 2012, o blogueiro Sattar Beheshti, um pobre desconhecido morador da periferia de Teerã, foi preso e torturado até a morte por criticar o regime. O caso chocou o país.

106 | Os iranianos

Apesar dos incansáveis esforços do regime contra a internet, iranianos contornam as barreiras graças a softwares especiais. Disponíveis a baixo custo em muitas lojas de eletrônicos ou baixados gratuitamente em sites especializados, os programas antifiltro conectam o computador do usuário à internet fora do Irã. Difícil achar alguém que não tenha instalado algum desses programas. Eu mesmo já testei uma dezena, alguns conhecidos no Ocidente, como VPN e Tor, outros mais confidenciais, como APJP. Costumam tornar a navegação mais lenta, mas permitem acessar qualquer site. O uso é tão banalizado que os cafés descolados de Teerã vivem cheios de jovens com laptop navegando abertamente em sites proibidos identificáveis de longe, como Facebook e Instagram. Ninguém parece se importar.

O mais absurdo é que até o líder supremo, aiatolá Khamenei, tem conta no Twitter, inclusive com postagens em inglês. Mahdi Ahmadinejad, filho do ex-presidente, usa o Facebook para tietar o pai. Já o governo do presidente Hasan Rowhani, que assumiu em agosto de 2013, incluiu as redes sociais na sua política de relações públicas, à revelia dos ultraconservadores. Foi pelo Twitter que o chanceler Mohammad Javad Zarif anunciou a assinatura de um histórico acordo nuclear com as potências mundiais.

PAÍS EMPERRADO

Com colossais recursos naturais e níveis honrosos de desenvolvimento social, o Irã tinha tudo para ser um exemplo de prosperidade e sucesso. Mas a constante tensão geopolítica entre a República Islâmica e o Ocidente impede o país de transformar seu potencial em realidade.

O cenário iraniano é repleto de contradições. No *ranking* 2012 da CIA, o país aparece como a 18ª maior economia do mundo. O Fundo Monetário Internacional (FMI) situa a República Islâmica na 22ª posição. Em paridade de poder de compra, o mesmo FMI coloca o Irã na 17ª colocação, acima de Suíça e Holanda. O economista americano Jim O'Neill, que cunhou o apelido BRIC para o grupo de potências emergentes reunindo Brasil, Rússia, Índia e China, incluiu o Irã entre os países do Next Eleven, que terão papel central na economia global ao longo do século XXI.

A riqueza foi amplamente pavimentada pelas reformas e pelos investimentos do regime Pahlavi, que iniciou a transição de um país rural miserável rumo a uma potência regional. O processo atravancou-se com a revolução e a guerra contra o Iraque, mas voltou a disparar nos anos 1990, graças ao grande desenvolvimento da indústria nacional (minérios, alimentos, automóveis), à exportação de hidrocarbonetos e à consolidação de um grande mercado de consumo interno. Em contrapartida, o país permanece vulnerável às flutuações de preços no mercado internacional.

A partir da segunda metade dos anos 2000, o acirramento das sanções ocidentais em represália ao programa nuclear esfriaram a atividade econômica e marginalizaram o intercâmbio com boa parte do mundo. População e indústria sofrem as consequências da pressão internacional.

COLOSSAIS RESERVAS DE PETRÓLEO E GÁS

A relevância geopolítica do Irã no mundo contemporâneo deriva, em grande parte, de suas reservas de hidrocarbonetos. A República Islâmica forma, ao lado de países como Rússia e Arábia Saudita, o restrito clube das chamadas superpotências energéticas.

O petróleo é explorado no país desde 1908, quando ingleses se apropriaram do setor, abrindo décadas de perturbações políticas e sociais que culminaram com o golpe anglo-americano contra o então primeiro-ministro Mohammad Mossadegh, em 1953.

O Irã detém hoje a quarta maior reserva mundial de petróleo, de acordo com a Energy Information Administration (EIA), agência estatística do governo americano. Isso representa cerca de 10% das reservas mundiais. Teerã garante poder produzir petróleo pelos próximos 100 anos.

Concentrada no litoral sul e a oeste, a produção está em queda livre por causa de sanções internacionais que afugentam investimento estrangeiro e impedem o Irã de modernizar sua sucateada infraestrutura de extração e refino. Em 2005, o país extraía em média 4,2 milhões de barris por dia. Na segunda metade de 2013, o número caiu para 2,6 milhões.

A exportação também vive um declínio. A venda do produto bruto, responsável por mais da metade da renda do Estado e de dois terços das entradas de divisa externa, esbarra em medidas americanas e europeias que visam punir eventuais compradores de petróleo iraniano. A queda das exportações é acirrada pelo aumento da demanda interna, que abrange necessidades de fabricação de gasolina. Há cada vez menos petróleo sendo carregado nos petroleiros que partem do litoral sul da República Islâmica. Em 2010, eram 2,6 milhões de barris exportados a cada dia. Três anos depois, o Irã mal chegava a vender um milhão de barris por dia. Trata-se do índice mais baixo desde os anos 1980, quando o Irã estava em guerra contra o Iraque. No primeiro semestre de 2014, após a chegada ao poder de um governo mais conciliador com o Ocidente, o nível estabilizou-se pouco acima de 1 milhão de barris exportados a cada dia.

Embora seja menos lembrada no exterior, a indústria iraniana de gás também constitui um setor de suma importância estratégica para o país, que abriga a maior reserva mundial de gás, segundo a British Petroleum. É consenso entre especialistas do setor que 15% de todo o gás natural no mundo encontra-se na República Islâmica, amplamente inexplorado por falta de investimento. A produção se concentra no litoral sul do país, em particular no golfo Pérsico, onde existe o maior campo de gás do mundo. Conhecido no Irã como South Pars, é explorado e compartilhado com o Qatar, que possui instalações muito mais modernas que as iranianas.

Ao contrário do petróleo, a produção de gás está em alta. Em 2013, o Irã produzia ao menos 650 milhões de metros cúbicos de gás natural, contra 505 milhões de metros cúbicos cinco anos antes. A rentabilidade, contudo, é mais modesta, já que o preço da *commodity* é mais baixo. Além disso, metade da produção iraniana é dedicada exclusivamente à demanda interna, que atinge picos no inverno devido aos aparelhos de calefação doméstica.

A indústria de hidrocarbonetos é capitaneada pela National Iranian Oil Company (NIOC), terceira maior empresa do mundo no ramo, após a saudita Aramco e a russa Gazprom. Criada sob a monarquia Pahlavi e mantida pelo Estado teocrático, a NIOC tem ao menos 40 mil funcionários e ocupa um papel central na economia da República Islâmica. A empresa diz ter tido receita de US$ 110 bilhões em 2012.

ECONOMIA ESTATAL E SEMIPRIVADA

O vasto setor privado existente sob a dinastia Pahlavi acabou engolido pelo governo revolucionário. O novo Estado nacionalizou indústrias e bancos em seu esforço para impor uma economia centralizada. Além disso, expropriou e confiscou empresas, terras agrícolas e prédios comerciais de milhares de iranianos ligados às minorias ou acusados de apoiar a monarquia.

Eficiência e crescimento nunca foram prioridade para o aiatolá Khomeini, famoso por resmungar aos descontentes que a Revolução não havia sido feita por causa do "preço do melão". Para Khomeini, o importante era preservar o controle do Estado sobre os grandes negócios. O aiatolá considerava que os empresários favorecidos pelo regime do xá haviam enriquecido de forma imoral às custas do povo. A invasão do Irã pelas tropas iraquianas, no rastro da Revolução, incentivou o regime de Teerã a apertar ainda mais o controle da economia, em nome do esforço e da mobilização nacional pela guerra.

Mesmo após o fim da guerra e a morte de Khomeini, o regime continuou enxergando a economia como algo importante demais para ser deixado ao setor privado. A Constituição iraniana adotada em 1989 estipula que setores-chave, como hidrocarbonetos, mineração e indústrias, estão atrelados ao controle estatal. A livre iniciativa, diz a Carta Magna, deve se restringir a agricultura, comércio e serviços.

A preocupação com o setor privado é comum em regimes autoritários. Teme-se que o empresariado se torne poderoso a ponto de ajudar a dissidência ou de favorecer a ingerência estrangeira.

O Estado domina a economia. Controla preços, regula o câmbio e fornece subsídios aos setores de energia e transporte. Ahmadinejad instaurou remessas equivalentes a cerca de US$ 20 na conta bancária de cada cidadão. Bancos estatais também são os maiores provedores dos créditos com juros baixos, relativamente fáceis de conseguir. O governo também comanda a atividade produtiva e os serviços. As maiores empresas do país, como NIOC (petróleo e gás) e Iran Khodro (automóveis), e os principais bancos estão sob supervisão das autoridades.

110 | Os iranianos

Após vários ensaios, o governo finalmente abriu o capital de algumas estatais a partir de 2006, num ambicioso programa destinado a aliviar as contas públicas, aumentar a produtividade e atrair investimento, externo inclusive. Sucessor de Khomeini, o líder supremo Ali Khamenei usou sua autoridade de representante de Deus na Terra para contornar os entraves legais à economia de mercado e abençoou as privatizações. Autoridades garantem que a participação do Estado no PIB caiu de 80% em 2005 para 40% em 2009. O objetivo declarado é fazer com que 80% da economia esteja nas mãos do setor privado até 2015.

Mas, em realidade, quem se beneficiou com as privatizações foram agentes "semiestatais", empresas ou organizações que gravitam na órbita do regime. A estatal de telefonia, por exemplo, foi arrematada num consórcio ligado à Guarda Revolucionária, facção militar de elite. Empresas ou indivíduos ligados ao regime também adquiriram bancos, fábricas de alumínio e seguradoras, entre outros. "O programa de privatização do Irã precisa de outro programa de privatização", ironizou Hamid Hosseini, da Câmara de Comércio de Teerã, em entrevista ao *Financial Times*, em 2012.

Agentes semiestatais também incluem poderosas instituições de caridade, que, na verdade, são *holdings* com bilhões de dólares investidos em turismo, mineradoras, bancos e construtoras. Entre elas está a Bonyad Mostazafan (fundação para os oprimidos e deficientes). A fundação é criticada pela opacidade de suas finanças e de seu funcionamento. Devido ao seu *status* de órgão de caridade, está isenta de impostos, apesar de ter gerado lucros gigantescos. O vínculo direto com o líder supremo a blinda contra investigações e cobranças. Além disso, a Bonyad Mostazafan, com seus quase 40 mil funcionários, é vista como o maior cabide de empregos do país. Críticos dizem que essas fundações refletem os vícios de uma economia iraniana corrupta e ineficiente.

Na prática, agentes do Estado até hoje fabricam e vendem desde carros até latas de refrigerante. Se você visitar o Irã, é provável que seu voo doméstico e seu hotel sejam parte do aparato oficial.

O EFEITO DAS SANÇÕES

Poucos países na história sofreram sanções internacionais tão duras quanto o Irã. O acúmulo de medidas que dezenas de países e organismos impõem formam um cerco que sufoca a economia e a população do país.

As primeiras punições por atritos com o Ocidente são anteriores à República Islâmica. Em meados dos anos 1950, o Irã do então premiê Mossadegh sofreu

Mulá caminha ao lado de banco em Teerã. Sanções impostas em 2012 baniram o Irã do sistema financeiro global, mas os bancos iranianos continuam fortes.

embargo comercial e teve seus bens bloqueados na Europa por pressão britânica. Londres estava furiosa com a cobrança de Mossadegh por uma repartição mais justa das receitas petroleiras controladas por ocidentais.

As medidas mais severas e duradouras, contudo, tomaram forma após a Revolução de 1979. Nas primeiras sanções modernas contra o regime revolucionário, Washington bloqueou bilhões de dólares iranianos depositados em bancos americanos, em represália à tomada de reféns da embaixada dos Estados Unidos em Teerã. A Casa Branca apertou o cerco financeiro nos anos 1980 para retaliar a cumplicidade iraniana em ataques do Hezbollah que mataram centenas de americanos no Líbano. As sanções também tinham o intuito de favorecer a ditadura

112 | Os iranianos

secular de Saddam Hussein contra a teocracia do aiatolá Khomeini. Em 1987, a Casa Branca sob Ronald Reagan impôs embargo comercial total contra o Irã.

Durante a presidência de Bill Clinton, nos anos 1990, os Estados Unidos iniciaram uma era de "morde e assopra". Algumas sanções foram reforçadas, e outras, aliviadas. Foi nessa época que o Tesouro americano proibiu empresas de aviação de exportar para o Irã. Desde então, companhias iranianas são obrigadas a recorrer ao mercado negro para abastecer-se com aviões de segunda mão e peças de reposição muitas vezes falsificadas. Na década seguinte, quando estourou a crise gerada pelo programa nuclear iraniano, Washington não só aumentou as punições, como também pressionou aliados europeus e o Conselho de Segurança da ONU a igualmente adotar medidas para prejudicar o Irã.

Teerã se orgulha de ter resistido às pressões e, por muito tempo, minimizou o impacto das medidas. Mas dois eventos obrigaram governantes a admitir o inexorável. O primeiro foi o pouso de emergência, registrado em vídeo e visto milhões de vezes no Youtube, de um vetusto avião da Iran Air que chegava a Teerã vindo de Moscou, em 2011. Com o trem de pouso dianteiro emperrado, a velharia só não se espatifou na pista do aeroporto porque o piloto fez uma manobra milagrosa e conseguiu uma aterrissagem controlada usando apenas as rodas traseiras. Em vez de ter sido agradecido por ter salvado todos a bordo, o comandante Hooshang Shahbazi foi aposentado de maneira compulsória em represália à campanha que iniciou contra as sanções que fazem do Irã um dos recordistas mundiais em acidentes aéreos. O segundo evento que invalidou a narrativa oficial sobre sanções foi a entrada em vigor concomitante de novas e duríssimas medidas na Europa e nos Estados Unidos a partir de 2012. As punições atingiram a espinha dorsal da economia iraniana ao impor um embargo europeu total ao petróleo iraniano e ao Banco Central, receptor dos pagamentos em divisa estrangeira. Na mesma leva, bancos iranianos foram excluídos do Swift, o sistema padrão que interliga instituições do mundo inteiro. Na prática, remessas bancárias diretas ao Irã se tornaram praticamente impossíveis. Várias outras punições foram adotadas desde então, entre as quais medidas para impedir Teerã de repatriar dinheiro depositado em bancos no exterior por compradores de petróleo. Isso obrigou a República Islâmica, ao menos até a publicação deste livro, em 2014, a receber com frequência pagamentos em mercadorias, *commodities* e muamba barata em vez de dinheiro vivo. China e Índia se beneficiam desse comércio injusto.

Vendendo menos petróleo, a preço mais baixo (por causa da procura reduzida) e sem conseguir arrecadar dólares e euros, o Irã viu sua entrada de divisas fortes despencar. A escassez levou à disparada do valor das moedas estrangeiras a partir de 2011. O dólar em meados de 2014 valia 30 mil rials (moeda oficial iraniana), contra 15 mil um ano antes. As reservas do Estado em divisas estrangeiras, avaliadas em quase US$ 100 bilhões em 2013, foram usadas para injetar dólar no mercado e conter a desvalorização da moeda nacional. Menos divisas significa também dificuldade para reabastecer os cofres públicos.

Atraindo cada vez menos capital, o Estado foi obrigado a iniciar uma dolorosa política de redução de subsídios a transportes e serviços, agravando ainda mais a inflação. Em meados de 2014, a taxa real de inflação era próxima de 40%. Como se não bastasse a queda de poder aquisitivo, os iranianos também se depararam com desemprego em alta, fruto das dificuldades que assolam as empresas – desde desabastecimento até problemas financeiros. O Irã tinha 13% de desempregados em 2013. Essa taxa, contudo, não é levada a sério, já que o Estado considera empregado quem trabalha algumas horas por semana.

As sanções tiveram efeito sobre minha vida de expatriado. Meu salário em moeda estrangeira vivia na gangorra devido às oscilações do cambio. Havia meses

Corretor da Bolsa de Valores de Teerã, que já registrou uma das maiores altas anuais do mundo antes de 2012, quando as sanções se tornaram mais agressivas.

Apu Gomes

em que eu ficava até 20% mais rico, outros em que voltava ao padrão médio. Por causa do bloqueio aos bancos, sempre precisei sair do Irã para receber pagamento. A exemplo da maioria dos iranianos de classe média, eu também reclamei da alta desenfreada dos preços e da dificuldade ocasional em satisfazer pequenos caprichos, como comprar molho de tomate importado.

O cerco imposto pelo Ocidente também afeta a saúde. Um das razões por trás da poluição pavorosa nas grandes cidades iranianas é o uso em larga escala de gasolina de péssima qualidade fabricada em fundo do quintal em resposta aos preços cada vez mais elevados do combustível importado. Por incrível que pareça, o Irã, megaprodutor de petróleo, não tem capacidade de refino suficiente para atender à demanda doméstica. Isso também se deve às sanções, que impedem a indústria de hidrocarbonetos de modernizar as refinarias.

Ainda mais urgente do que as nuvens de poluição que às vezes obrigam a prefeitura de Teerã a decretar feriado é a escassez de alguns remédios e equipamentos que importadores não conseguem trazer devido às sanções. Sem conseguir a tempo um

Vendedor de nozes em rua no sul de Teerã. Precariedade e pobreza cresceram no Irã por causa de um misto de sanções econômicas e má gestão por parte do governo Ahmadinejad.

Apu Gomes

medicamento do qual precisava com urgência, um adolescente hemofílico de 15 anos foi o primeiro paciente iraniano a morrer por causa do embargo, segundo informou em 2013 o site libanês *Al Monitor*, especializado em temas do Oriente Médio.

Situações bizarras, às vezes ridículas, decorrem das sanções. Em 2011, uma loja Apple nos Estados Unidos se recusou a vender um iPad para uma adolescente porque ela era iraniana. Em vez de pedir desculpas, a empresa defendeu o vendedor que impedia a venda. Em 2013, o governo americano avalizou a exportação de produtos Apple para a República Islâmica. Caso semelhante ocorreu na mesma época, quando um livro italiano de fotografias foi banido do site de pagamentos on-line PayPal simplesmente por ter a palavra "Iranian" no título.

O caso mais absurdo que ouvi é o de uma jovem advogada iraniana, formada em Harvard, impedida de abrir conta em um grande banco europeu para o qual ela trabalha como executiva.

O DECLÍNIO DOS BAZARES

Com seu labirinto de ruas apertadas, movimento fervilhante e infinidade de produtos à venda, bazares estão entre as atrações mais interessantes para quem visita o Irã. Geralmente situados nos centros antigos das principais aglomerações, esses mercadões cobertos funcionam como cidade dentro da cidade.

Embora estejam sob constante influência das políticas oficiais, os bazares funcionam como bolsões de iniciativa privada num mar de gestão centralizada. Além de lojas de todos os tamanhos e para todas as necessidades, cada bazar tem mesquitas, restaurantes, casas de chá e bancos. O maior de todos, em Teerã, tem até seu próprio corpo de bombeiros.

Os comerciantes desse setor, chamados de bazaris, são conhecidos pela riqueza acumulada ao longo de gerações de negócios familiares e pelo modo de vida tradicional. Num país cada vez mais moderno, o mercadão continua sendo um lugar onde mulheres usam o chador, véu integral, e os homens, barba.

Ponto-chave nos grandes fluxos de comércio entre nações, inclusive a lendária Rota da Seda, o bazar persa se assemelha ao souk árabe e às antigas feiras de comércio da Europa. Em função de seu peso econômico e de sua posição central na circulação de pessoas e ideias, o bazar teve importante papel social e político na história do Irã.

No início do século XX, ficaram famosas as famílias bazaris de Tabriz e Isfahan, que participaram da Revolução. Em 1951, os protagonistas da vez foram os comerciantes de Teerã, que apoiaram o então premiê Mossadegh em sua luta para retomar dos ocidentais o controle sobre a indústria petroleira.

116 | Os iranianos

Abaixo, vendedor de beterraba cozida. Ao lado, temperos, ervas e chás exibidos em loja no bazar de Tajrish, norte de Teerã. Mercados tradicionais perdem força, mas ainda são fundamentais para a economia iraniana.

Vista do vão central do shopping Paytakht, em Teerã, onde lojas de eletrônicos vendem produtos de última geração. O modelo de comércio tradicional está em declínio no Irã.

Na segunda metade do século XX, os bazaris se beneficiaram da alta do poder aquisitivo iraniano decorrente das políticas modernistas do xá Mohammad Reza Pahlavi. Mas essa mesma modernização contrariou frontalmente os bazaris ao favorecer o modelo ocidental de shoppings e supermercados em detrimento do comércio tradicional. Ao alienar o universo do bazar, o xá Pahlavi atraiu não somente a inimizade dos comerciantes, mas também da vasta população conservadora, apegada à vida provinciana. A fúria do bazar acabou se tornando uma das matrizes da Revolução de 1979. Agradecido, o aiatolá Khomeini apontou bazaris para importantes cargos no governo revolucionário e facilitou a obtenção de licenças de importação.

Três décadas e meia após a Revolução, o bazar é dominado por sentimentos de desânimo e desconforto. A escalada das tensões globais envolvendo o Irã criou enormes dificuldades para o setor. Sanções e isolamento diplomático contra Teerã dificultaram tanto a importação de bens de consumo como a exportação de produtos iranianos, entre os quais os famosos tapetes persas. Com a queda dos tradicionais laços com a Europa, o Irã aproximou-se da China, que aproveita a fragilidade iraniana no comércio exterior para inundar o mercado da República Islâmica com produtos de má qualidade. É comum ouvir queixas da população contra a onipresença de muamba chinesa nas lojas dos bazares.

118 | Os iranianos

Consultas informais mostram que a maioria dos bazaris votou em candidatos reformistas nas eleições presidenciais de 1997 e 2009. Comerciantes tradicionais tendem a evitar manifestações públicas, mas o bazar entrou em greve ao final da presidência Ahmadinejad para protestar contra planos de aumentar impostos. Pressionado, o governo recuou e cancelou a medida. Em 2012, o centro de Teerã foi palco de confrontos entre a polícia e bazaris furiosos com a disparada do dólar.

O modelo de comércio tradicional também sofre os efeitos da ocidentalização dos hábitos de consumo. Cada vez mais, iranianos preferem fazer compras em shoppings e hipermercados. Além disso, populações abastadas nas grandes cidades tendem a morar em áreas distantes do centro e optam por lojas da vizinhança em vez de enfrentar o trânsito até os bairros antigos.

CORRUPÇÃO E INEFICIÊNCIA

A corrupção é problema crônico no Irã. Para arrematar contratos públicos, é amplamente sabido que empresas forram o caixa dois de quem tem o poder de decidir. Nos postos de controle da polícia moral e da milícia pró-regime basij, quem for pego com cerveja escondida no porta-malas do carro pode escapar ileso dando um trocado ou até mesmo uma garrafa de bebida alcoólica aos soldados. Em algumas agências ou escritórios governamentais, é comum cidadãos aparecerem com chocolates ou lembrancinhas para garantir a boa vontade dos funcionários.

No entanto, o Irã não sofre da mesma "corrupção pequena" que corrói tantos países, como Egito e Paquistão, onde tudo (de um teste de direção à emissão de passaporte) supõe molhar a mão de alguém, muitas vezes com quantias irrisórias. Orgulhosos e bem alimentados, iranianos não se rebaixam a miudezas.

Corrupção é, por natureza, algo difícil de enquadrar e quantificar. Mas o respeitado índice da Transparency International, ONG inglesa que mede a percepção da corrupção pelo mundo, colocou a República Islâmica na 133ª posição no *ranking* mundial da transparência em 2013, atrás da República Centro Africana e de Honduras. Autoridades, incluindo o líder supremo, vivem prometendo combater esse mal. Até hoje em vão.

O maior escândalo da história do Irã ocorreu em 2011 e foi protagonizado por banqueiros ligados ao então presidente Mahmoud Ahmadinejad. A fraude, que chocou o país, foi estimada em ao menos US$ 2,6 bilhões e envolveu um esquema em que documentos eram forjados com a ajuda de altos funcionários do regime para obter crédito junto a bancos nacionais. O dinheiro era usado para comprar empresas estatais no programa de privatizações, o que permitiu rápido enriquecimento dos envolvidos. Um dos poucos nomes divulgados é o do banqueiro Mahmoud Reza Khavari, que fugiu para o Canadá e escapou do julgamento. Diz a lenda que ele hoje mora numa casa vizinha à da cantora Céline Dion.

Ahmadinejad negou tudo. Para se vingar daquilo que enxergava como golpe de seus inimigos internos, Ahmadinejad apareceu de surpresa no Parlamento e projetou num telão, diante do plenário cheio, uma filmagem secreta na qual o membro de uma influente família política aparece tentando comprar o apoio de um assessor do presidente.

A corrupção é indissociável da ineficiência crônica que mina o país. Do péssimo serviço aos clientes em restaurantes ou lojas até o desrespeito generalizado a prazos, passando pela incompreensível lentidão das burocracias administrativas, a impressão é de um país amarrado e caótico. Em 2013, o índice do Banco Mundial que mede a qualidade do ambiente para negócios colocou o Irã na 145ª posição num *ranking* de 184 países.

Essa percepção se acirra num setor estatal livre de pressão por resultados e para o qual funcionários são geralmente escolhidos por indicação.

FUGA DE CÉREBROS

A cada ano, milhares de iranianos com alto nível de instrução decidem abandonar o país para iniciar nova vida no exterior. Muitos abandonam de vez a nação, outros voltam apenas para visitar parentes e amigos. Esse movimento que priva o Irã de alguns de seus maiores talentos científicos, técnicos ou intelectuais é conhecido como fuga de cérebros. As perdas em termos de recursos humanos e desenvolvimento econômico são consideráveis.

Ao menos 150 mil iranianos com qualificação universitária saem do país a cada ano, segundo disse, no início de 2014, o ministro da Ciência, Pesquisa e Tecnologia, Reza Faraji, em declarações amplamente divulgadas pela mídia iraniana. O alarme mostra que a situação não melhorou desde 2009, quando o FMI divulgou um relatório apontando volume idêntico de saídas. Um levantamento mais antigo, feito no final dos anos 1990 pela Organização pela Cooperação e Desenvolvimento Econômico (OCDE), calculou que um quarto dos "cérebros" iranianos colocavam seu conhecimento a serviço de outros países. Isso representa uma perda econômica anual média de US$ 50 bilhões, segundo revelou o Banco Mundial em 2010.

A tendência começou sob o regime do xá Mohammad Reza Pahlavi, nos anos 1970, quando intelectuais buscavam abrigo no exterior para escapar das garras da

120 | Os iranianos

Savak, a polícia política mais temida daquela geração. A Revolução Islâmica abriu caminho para um fluxo de mão dupla. Alguns "cérebros" iranianos retornaram ao país (principalmente religiosos e empresários contrários ao xá), enquanto outros (seculares e minorias) iniciaram uma corrente de partidas em massa.

A presidência reformista de Mohammad Khatami, ao final dos anos 1990, incentivou muitas famílias expatriadas a migrar de volta ao Irã, atraídas pela prosperidade econômica e pelo aumento significativo das liberdades individuais. O fluxo de retorno manteve-se durante o primeiro mandato do presidente Ahmadinejad, cujo governo chegou a fundar um Alto Conselho para Iranianos no Exterior. O órgão foi criado com o intuito de convencer iranianos da diáspora a participar da modernização e do crescimento do país. Muito associado a Ahmadinejad, o conselho perdeu fôlego após a onda de repressão contra supostas fraudes na reeleição do presidente, em 2009. Desde então, o ritmo de retornos ao país desacelerou abruptamente, segundo escreveu o consultor econômico Bijan Khajehpour no site libanês *Al Monitor*, em 2014.

O ambiente de opressão política e moral é, evidentemente, um dos principais motivos de quem sai do país. Isso é ainda mais visível na classe média secular. Famílias de universitários ou profissionais liberais agarram qualquer oportunidade para garantir aos filhos uma vida livre do véu obrigatório e da polícia moral. Mas existem outras razões por trás do fenômeno. Uma delas é a falta de oportunidades no Irã, um país onde méritos próprios de dedicação e perseverança muitas vezes não bastam para subir na vida. Além da combinação de nepotismo, clientelismo e corrupção que gangrena as atividades empresarial e acadêmica, o país tem realidade salarial muito inferior aos padrões ocidentais. Some-se a isso o acúmulo de inflação e perda do poder aquisitivo. Difícil convencer um engenheiro formado na excelente Universidade Sharif a ficar no Irã, se ele pode fazer pós-graduação e encontrar emprego nos Estados Unidos ou na Alemanha.

Outro fator que estimula a fuga de cérebros são as limitações do ensino superior no Irã. Apesar de alguns centros de excelência já mencionados, universidades sofrem com carência de recursos e equipamentos por causa das sanções econômicas. Iranianos que têm grandes ambições acadêmicas estão inclinados a bater na porta dos consulados ocidentais em busca de visto de estudo. "O sistema de ensino iraniano é bom o suficiente para produzir bacharéis de alta qualidade (ou empresários inteligentes); mas, quando se formam, não há oportunidades para eles. Além disso, existe a opressão do governo e tudo mais. Iranianos não saem [do país] pelo dinheiro – você pode ganhar dinheiro no Irã. Eles saem em busca de conquistas sociais e intelectuais, é isso que causa a fuga de cérebros", disse o biólogo Sam Sinai, inscrito num programa de Ciência da Computação do MIT, em depoimento à revista americana *Slate,* em março de 2014.

TRANSPORTE PRECÁRIO

Iranianos são loucos por carros. Não necessariamente no sentido brasileiro, de paixão por modelos de luxo. O poder aquisitivo no Irã é baixo demais para esses sonhos, reservados aos milionários. Mas automóvel é um elemento central da vida no país. Todo pretexto vale para pegar o volante – ir até a esquina comprar pão ou levar a família para um piquenique na natureza. É comum ver gente dormindo ou comendo dentro do automóvel. A frota se concentra nas áreas urbanas, onde é difícil achar um lar que não tenha ao menos um carro. Na classe média, cada membro ativo da família costuma possuir veículo próprio, inclusive esposas e filhas. Ter carro é tão comum que quem poderia ter, mas anda de transporte coletivo ou táxi, é olhado com espanto. Rapazes a pé têm muito mais dificuldade em conseguir a atenção das moças. A frota total era de 8,14 milhões de carros em 2014, segundo a imprensa local, o equivalente a um para cada nove habitantes. No Brasil, a proporção era de um para cinco, em 2012.

Dois fatores contribuem para a abundância de veículos. O primeiro é a gasolina subsidiada, que sai por cerca de US$ 0,14 o litro. Quem não possui o cartão que dá acesso ao preço de governo paga US$ 0,45 o litro. O segundo fator é o baixo preço dos modelos. O mais barato do mercado sai por cerca US$ 6.000, com facilidade de crédito para financiamento.

O problema é que a grande maioria dos carros em circulação no Irã são modelos de fabricação nacional de baixa qualidade, saídos das fábricas das estatais Iran Khodro e Saipa. Apesar de sua preponderância (10% do PIB, segundo maior setor da economia, após petróleo e gás), a indústria automobilística é malvista. Seus veículos mais vendidos, como o Pride, se parecem com uns caixotes de lata e plástico, com motor fraquíssimo, sem *airbag* nem freio ABS. Não é preciso ser um especialista para perceber que o padrão de segurança está aquém de todas as normas internacionais. A falta de qualidade é um dos fatores que fazem do Irã um dos recordistas mundiais em mortes no trânsito, ao lado de países como Índia e Etiópia. Em 2014, o fabricante Iran Khodro pediu desculpas públicas pela má qualidade de seus carros e prometeu melhorar a segurança dos modelos. Mas a empresa deu a entender que a culpa era dos fornecedores, que deveriam se empenhar mais. Faz sentido. Mas a indústria do automóvel, dominada pelo Estado, reflete já mencionados problemas inerentes ao aparato produtivo iraniano – ineficiência, pouca concorrência, desmotivação dos funcionários etc.

122 | Os iranianos

Apesar das ruas impecáveis e bem sinalizadas, dirigir em Teerã pode ser aterrador. Além do trânsito caótico, é preciso ficar atento a motocicletas que levam famílias inteiras sem capacete e evitar bater em carros vetustos que, às vezes, param no meio do caminho.

País emperrado | 123

124 | Os iranianos

Graças a uma boa dose de pressão política, o Irã consegue escoar parte da produção para alguns países aliados. Mas, no Iraque, a má reputação dos carros iranianos é tamanha que eles são conhecidos como qaber (caixão, em árabe).

A malha de estradas e rodovias tende a ser honrosa. Muitas das pistas remontam ao tempo dos xás, mas a manutenção é correta, e buracos são raros. Bem melhor que no Brasil, em geral, mas abaixo de Turquia e Israel.

Outra faceta perigosa do transporte no Irã é o setor aéreo, um dos mais letais do mundo. Foram 900 mortos desde o início dos anos 2000. A explicação por trás de tanta tragédia é simples. Sanções americanas implantadas sob a presidência de Bill Clinton impedem empresas ocidentais de vender à República Islâmica aviões e peças de reposição. Iranianos são então obrigados a recorrer ao jeitinho para manter funcionando sua densa malha aérea, que cobre todo o país e agrupa dezenas (isso mesmo, dezenas) de companhias. O Irã passou a adquirir aviões russos, de má qualidade, ou aparelhos de segunda mão que companhias ocidentais revendem por meio de intermediários, de maneira a não se sujeitar às punições americanas. Apesar do esforço para não deixar rastros, basta entrar em um dos Airbus A340 da empresa privada Mahan para perceber que o avião foi comprado da Lufthansa. Todas as instruções e marcas nos assentos estão escritas em alemão. O problema é mais sério no que diz respeito às peças de reposição. Por quase 20 anos, as companhias iranianas foram compelidas a se abastecer no mercado negro, comprando equipamentos de origem duvidosa e até mesmo falsificados, especialidade da China. O resultado disso é que ainda se voa no Irã com velharias como Boeing 727 e Airbus A300, alguns dos quais têm 40 anos de uso. Os modelos mais novos são usados para as linhas em direção à Europa, que proíbe aparelhos em mau estado de entrar em seu espaço aéreo. Voar dentro do Irã é muito barato, em grande parte graças a subsídios. Uma ida e volta entre Teerã e Isfahan, num trajeto que leva cerca de uma hora, pode sair por menos de US$ 70.

Iranianos também andam bastante de trem. As linhas e os vagões são muito antigos, mas funcionam com eficiência.

Usar transporte público, de maneira geral, é visto como hábito de gente de baixa renda, a exemplo do que acontece em muitas cidades brasileiras. Uma pena, pois é o meio de locomoção mais eficiente do Irã. Linhas de ônibus são abundantes e cobrem todas as áreas urbanas. O metrô de Teerã é moderno e limpo. Tudo baratíssimo para os nossos padrões: US$ 0,15 por uma passagem.

DA ANTIGUIDADE À ERA MODERNA

Berço de uma das mais antigas nações do mundo, o território que abriga o Irã moderno foi muitas vezes invadido, ocupado e disputado. Além da ingerência externa, trauma que atormenta até hoje o imaginário coletivo, a história iraniana se caracteriza pela onipresença da religião e pela ascensão e queda de autocratas carismáticos, de Ciro aos xás Pahlavi.

AQUEMÊNIDAS E O MAIOR IMPÉRIO DA HISTÓRIA

Rastros de presença humana na área que abrange o Irã moderno remontam ao Período Neolítico, quando tribos de caçadores viviam nas montanhas Alborz e Zagros e numa região próxima do atual Paquistão. Mas a nação iraniana começou a construir-se há 4 mil anos, a partir de um grupo de povos da Ásia Central conhecido como indo-europeus, que compartilhavam idioma semelhante. Os indo-europeus conseguiram ampla superioridade militar e logística sobre outros povos depois de domesticar o cavalo, o que lhes permitiu desbravar horizontes cada vez mais distantes. Atribui-se a essas populações centro-asiáticas outra façanha decisiva na história da humanidade: a invenção da carruagem. Graças a esse pioneirismo no transporte, espalharam-se por todas as direções, literalmente. "À medida que se moviam, [indo-europeus] interagiam com populações locais, participando da formação de diversos povos, como gregos, romanos, germânicos, eslavos, indianos e persas. Muito tempo depois, à medida que surgiram outras ondas [migratórias indo-europeias], eles se tornaram ancestrais dos franceses, espanhóis, escandinavos e ingleses. Ou seja, eles são parte da linhagem sanguínea da qual descende a maior parte de nós", escreveu o americano William Polk no livro *Understanding Iran*, um clássico da introdução aos estudos da história iraniana.

No século IX a.C., dois grupos de tribos indo-europeias de ascendência persa se sedentarizaram e formaram, no território do atual Irã, reinos que se beneficiaram do colapso do arquirrival vizinho Império Assírio. A noroeste, os medos formaram o primeiro Império Persa, rico e poderoso. No sul, os parsis estabeleceram uma série de pequenos Estados autônomos, mas vulneráveis à supremacia meda. No século VII a.C., um rei parsi mitológico chamado Aquêmenes, cuja existência é contestada, uniu as tribos parsis em torno dele e fundou a dinastia Aquemênida. Aquêmenes foi sucedido por um de seus netos, um jovem de 21 anos chamado Ciro, que, após agregar o adjetivo "Grande" ao prenome, se tornaria um dos homens mais influentes na história da humanidade.

Ambicioso e visionário, Ciro, o Grande, lançou um bem-sucedido ataque contra o Império Medo, que acabou subjugado. A união das monarquias parsi e meda selou o início da epopeia conquistadora do jovem líder. Uma década depois de sua fundação, o Império Persa-Aquemênida já abrangia as áreas hoje cobertas por Turquia, Iraque e Paquistão.

O túmulo do rei Ciro é ponto alto de qualquer visita às ruínas de Pasárgada, que antecedeu Persépolis como sede do Império Aquemênida.

Da Antiguidade à Era Moderna | 127

Nos arredores de Shiraz, sul do Irã, encontram-se as magníficas ruínas de Persépolis, complexo que abrigou a sede do Império Aquemênida, um dos maiores na história do mundo.

128 | Os iranianos

O poder de Ciro vinha tanto de seu gênio militar como de sua capacidade de despertar respeito e admiração. Ao contrário de outros grandes líderes da Antiguidade, não procurava aniquilar os povos que subjugava. Embora devoto zoroastra, defendia direitos para minorias étnicas e religiosas. Judeus cultivam gratidão eterna a Ciro por terem sido libertados por ele do cativeiro babilônico em 539 a.C., permitindo que retornassem a Jerusalém para construir o Templo. Ciro é o único rei não judeu a ser mencionado nos Tanach, onde aparece com *status* de messias. Iranianos até hoje consideram que o cilindro de Ciro, objeto de argila com inscrições legais e históricas em grafia cuneiforme acadiana, representa a primeira declaração de direitos humanos.

Ciro foi decapitado por inimigos em 530 a.C. A sucessão coube ao seu primogênito, Cambises I, rei tirânico e impopular que expandiu as fronteiras do império até a atual Líbia. Após ofensivas erráticas pelo continente africano, Cambises I morreu no Egito, sem que se saiba ao certo até hoje se por suicídio ou assassinato. Foi sucedido por um primo distante chamado Dario, que herdou um reino persa dilacerado entre focos de rebelião. Dario não só conseguiu debelar as revoltas, como também consolidou seu poder sobre o maior império que o mundo já viu. No século V a.C., auge de seu poder, os persas dominavam uma área que se estendia desde as ilhas gregas do Mediterrâneo até o Afeganistão. A grandeza ficou imortalizada em Persépolis, suntuosa capital que Dario mandou erguer no sul do Irã e cujas ruínas são ponto incontornável em qualquer visita ao país. Apesar da dificuldade em controlar tamanha área numa era de transportes e meios de comunicação primitivos, Dario conseguiu manter a coesão e modernizar o Império Aquemênida.

A supremacia aquemênida terminou em 490 a.C. Naquele ano, uma megaofensiva de Dario para aniquilar uma rebelião na Grécia acabou repelida, selando a primeira grande derrota das tropas aquemênidas. Dario morreu quatro anos depois, cedendo lugar ao filho Xerxes, que também lançou colossal operação militar com dezenas de milhares de soldados contra a insurgência grega. Em 480 a.C., Xerxes perdeu a batalha contra os rebeldes e bateu em retirada.

Para muitos historiadores, a resistência dos gregos ao ataque persa foi o primeiro choque entre Ocidente e Oriente. No livro *Persian Fire: The First World Empire and the Battle for the West*, o britânico Tom Holland argumenta que a vitória grega garantiu a sobrevivência de valores e culturas ocidentais que até hoje norteiam nossa sociedade.

Paredes rochosas abrigam as tumbas dos reis Dario II, Artaxerxes I, Dario I e Xerxes I. O sítio arqueológico, nas proximidades de Shiraz, é conhecido como Naqsh-e-Rostam.

QUEDA E RECONQUISTA PERSA

No século IV a.C., o desgastado Império Aquemênida era palco de crescentes disputas internas. Enquanto lideranças se digladiavam, um jovem rei macedônio se destacava ao expandir com rapidez a área sob seu controle. Era Alexandre, o Grande, um dos maiores líderes militares da história. Após derrotar gregos e egípcios, ele atacou o Império Aquemênida em 334 a.C., tomando dos persas um território após o outro. Seu domínio se estendia do Egito até a Índia. Alexandre derrubou o regime de Dario III e se instalou no palácio de Persépolis durantes alguns meses, até que a cidade foi devastada por um incêndio. Não se sabe até hoje se a destruição foi fruto de um acidente deflagrado por uma colossal bebedeira palaciana ou de um ato deliberado de Alexandre para vingar a destruição de Atenas pelos persas.

Alexandre tinha uma relação mal resolvida com os persas. Ao mesmo tempo que se esforçou para subjugar o Império Aquemênida, demonstrou profundo fascínio pela cultura dos rivais. Ele usava roupas persas, casou-se à moda persa e pressionou milhares de seus soldados a fazerem o mesmo.

O império não resistiu à morte de Alexandre, em 332 a.C., e se dividiu em três dinastias. A área do atual Irã ficou sob comando dos reis selêucidas, de ascendência grega, que governavam uma série de províncias. Uma dessas províncias, povoada por persas conhecidos como partas, proclamou sua independência por volta de 230 a.C. Apoiados por outras tribos persas, os rebeldes conseguiram tomar o poder dos selêucidas um século depois, estabelecendo controle efetivo sobre o Irã. O Império Parta prosperou até esbarrar no surgimento de um temível rival a oeste: o Império Romano. A cavalaria iraniana enfrentou a infantaria romana em batalhas tão épicas quanto sangrentas, com alternância de vitórias e derrotas.

No ano 224 depois de Cristo, o governador de uma província parta situada na atual região de Fars (sul do Irã) aproveitou o desgaste gerado por rachas internos e incessantes guerras contra os romanos para proclamar independência e anexar áreas à sua volta. Assim nascia o Império Sassânida, terceira grande dinastia iraniana.

SASSÂNIDAS E A TEOCRACIA ZOROASTRA

O reino sassânida se expandiu sobre os escombros do Império Parta e prosperou cultivando a memória da grandeza aquemênida, primeira dinastia iraniana. O Império Sassânida, considerado a era de ouro para os persas, teve papel determinante na consolidação da identidade nacional iraniana.

Os sassânidas falavam o idioma pahlavi, ancestral do farsi moderno, e promoveram um modelo de governo baseado na religião zoroastra, o zoroastrismo. Imperadores usaram seu poder absoluto para criar uma hierarquia clerical a serviço do Estado, num modelo semelhante ao da atual República Islâmica. Esse sistema teocrático foi em grande parte pensado e executado por Kartir Hangirpe, influente líder zoroastra que assessorou três imperadores sassânidas ao longo do século III. Kartir tinha plenos poderes para controlar a educação, implementar leis e perseguir minorias. Judeus, budistas, hindus e mesmo seguidores do até então embrionário cristianismo foram ora caçados com violência, ora submetidos a restrições.

Apesar da obsessão religiosa, o Império Sassânida era invejado por sua sofisticação e seu nível de desenvolvimento. O comércio prosperava num ambiente de grandes avanços artísticos e científicos, inclusive em matéria de arquitetura e urbanismo. Intelectuais e pensadores de impérios vizinhos encontravam um porto seguro no Império Sassânida, que, no seu auge, no início do século VII, se estendia do Egito até o atual Uzbequistão.

As relações com os vizinhos eram civilizadas, graças à convergência de interesses econômicos. O Império Sassânida era ponto de passagem da lendária Rota da Seda, malha de vias terrestres pela qual circularam, séculos a fio, caravanas do comércio entre Oriente e Ocidente.

Apesar de tensões ocasionais, os laços com o arquirrival Império Bizantino (domínio grego erguido sobre as fundações do Império Romano) também se guiavam pela cordialidade e pelo pragmatismo. Em 387, sassânidas e bizantinos firmaram um pacto diplomático para encerrar disputas sobre o controle da Armênia, que acabou dividida entre os dois.

Mas o antagonismo prevaleceu. Nos séculos seguintes, sassânidas e bizantinos se enfrentaram até a exaustão. Além dos gregos a oeste, os persas enfrentavam inimigos cada vez mais perigosos na fronteira leste: hunos e turcos. A maior ameaça, porém, viria do sul, onde tribos árabes unidas sob a bandeira da recém-revelada religião islâmica se lançavam à conquista de toda a região.

ISLAMIZAÇÃO DA PÉRSIA

No ano 610, um comerciante chamado Maomé meditava numa gruta no deserto da atual Arábia Saudita quando recebeu a visita do anjo Gabriel, que lhe revelou o Corão e o incumbiu de disseminar essa nova palavra divina. Era o início do islã, uma religião monoteísta nascida com o propósito de corrigir e atualizar os ensinamentos do judaísmo e do cristianismo. Maomé conseguiu agregar multidões de fiéis antes de morrer, em 632. O sucessor de Maomé à frente da embrionária comunidade islâmica foi Abu Baker, que se lançou imediatamente à conquista de novos territórios, determinado a fundar um império muçulmano.

O primeiro obstáculo à empreitada de Abu Baker foi o Império Sassânida. Persas resistiram com vigor à invasão árabe, mas acabaram subjugados a partir de 635, após um banho de sangue que selou o domínio árabe sobre a Mesopotâmia, atual Iraque. Mais uma vez, o Irã era invadido e controlado por vizinhos.

A ocupação da Pérsia revelou-se uma missão extremamente difícil para os invasores. Árabes sentiam-se deslocados e vulneráveis num vasto território cuja geografia e clima estranhavam. Além disso, os muçulmanos (na época, sinônimo de árabes) esbarraram numa população autóctone que já cultivava um sentido de identidade nacional. O idioma, os modos e as crenças dos persas formavam um universo ao qual os guerreiros islâmicos não tinham acesso.

Os árabes, contudo, conseguiram impor seu domínio. Como qualquer força ocupante, transformaram ocupados em cidadãos de segunda categoria. Persas eram proibidos até mesmo de andar a cavalo. No entanto, tinham liberdade para recusar a conversão ao islã. Quem quisesse poderia continuar praticando a ancestral fé iraniana, o zoroastrismo, desde que se abstivesse de proselitismo. Zoroastras, por ser monoteístas e acreditarem no dualismo bem *versus* mal, eram tolerados, mas pagavam mais impostos.

A reação dos nativos à ocupação foi ambígua, num traço característico dos povos iranianos. Por um lado, muitos persas abraçaram o islã. Uns para se beneficiar de privilégios econômicos e fiscais, outros por convicção espiritual sincera. A população urbana, ao contrário da classe rural mais conservadora, aderiu em massa à religião dos ocupantes. De conversão em conversão, muçulmanos passaram a ser maioria entre os persas a partir do século IX. Por tabela, o idioma árabe, indissociável do Corão, também disseminou-se em larga escala.

Em contrapartida, os árabes absorveram vários elementos da cultura persa, a começar pelo sistema de governo sassânida, com seu padrão fiscal eficiente e seu moderno modelo de gabinete de vizires (ministros). Foi nessa mesma época que o islã integrou padrões arquitetônicos e artísticos persas.

Apesar do enriquecimento mútuo, a ocupação continuou gerando tensões. Houve vários levantes contra os árabes. Governadores foram assassinados. Atentados multiplicaram-se. Persas sentiam-se ultrajados por viver sob o jugo de um povo que sempre enxergaram com desconfiança e desprezo.

A hostilidade era agravada pelo fato de muitos persas sofrerem discriminação mesmo após se converterem ao islã. Foi esse ressentimento que levou iranianos a se aliarem a outros muçulmanos não árabes, como turcos e curdos, contra o poderoso Califado Umíada, formado por oligarcas de Meca instalados em Damasco.

"O Irã foi, de fato, islamizado, mas não foi arabizado. Persas continuaram sendo persas. E, após um intervalo de silêncio, o Irã ressurgiu como elemento separado, diferente e distinto dentro do islã, que acabaria agregando um novo elemento ao próprio islã", escreveu o eminente historiador inglês Bernard Lewis em seu livro *Iran in History*.

No século VIII, um general chamado Abu Muslim, persa convertido ao islã, partidário de Ali, rebelou-se sob pretexto de defender Ali, genro e primo do profeta Maomé. Era uma revitalização do movimento pelos shiat'Ali, mencionados no primeiro capítulo, que pavimentou o caminho para a fundação do xiismo.

O apoio dos combatentes leais a Ali ao insurgente Abu Muslim ajudou a derrubar o Califado Umíada, que foi substituído pela dinastia Abásida, formada por parentes de Maomé. Mas, em vez de demonstrar gratidão pelo apoio militar e religioso, abásidas executaram Abu Muslim, num ato que acentuou ainda mais o sentimento de injustiça no imaginário iraniano.

O domínio abásida sobre o Irã durou apenas um século. Em 946, a dinastia iraniana Buyida se sobrepôs aos árabes, resgatando a identidade e a cultura persas. Foi nessa época que surgiu a escrita farsi, misto de letras e gramática árabes com resquícios do milenar idioma pahlavi. Daí deriva o atual alfabeto usado no Irã.

No início do século XI, a Pérsia foi novamente tomada por forças estrangeiras. Dessa vez, os invasores eram guerreiros sunitas de etnia turca, os seljúcidas, que vinham da Ásia Central. A expansão seljúcida chegou até a Anatólia, transformando de fato a Turquia numa área islâmica e fincando raízes daquilo que acabaria se tornando o colossal Império Turco-Otomano. Além dos modos refinados, os seljúcidas são lembrados como pilar da resistência contra as cruzadas cristãs. Mas os guerreiros turcos terminaram aniquilados pelas invasões mongóis, a partir do século XIII. Sob comando do lendário Gengis Khan, um dos maiores líderes militares da história, soldados mongóis destruíram boa parte das cidades iranianas e amontoaram uns sobre os outros os crânios dos civis massacrados, até erguer pirâmides. O grande viajante e mercador Marco Polo, que passou pelo Irã décadas após os ataques, relatou ter se deparado com um país reduzido a ruínas e escombros.

134 | Os iranianos

GLÓRIA SAFÁVIDA

Ao final do século XV, o território iraniano estava fragmentado entre pequenos Estados, cujos líderes eram quase todos da dinastia sunita Timúrida, remanescente dos mongóis. Numa área ainda traumatizada pelo rastro de barbárie deixado por Gengis Khan e seus sucessores, confrarias religiosas traziam amparo e esperança à população. Uma dessas ordens, chamada Safaviya, seguia o islã sufi, corrente mística que enfatiza a elevação espiritual. O berço da ordem Safaviya era a cidade de Ardabil, no noroeste do atual Irã. Seu fundador era Safi Al Din Ardabili, um curdo com aura de guru, cuja popularidade disparou no vácuo de poder e legitimidade deixado pela incapacidade dos dirigentes timúridas.

A ordem Safaviya começou a mudar de rumo após a morte de Ardabili, quando um carismático adolescente chamado Ismail fundiu a ideologia da confraria com o islã xiita. Em 1499, Ismail angariou o apoio de diversas tribos turcas-azeris e formou um exército para atacar uma pequena dinastia que havia assassinado seu pai. Saciada a vingança, Ismail e suas tropas se lançaram à conquista dos pequenos Estados da vizinhança, rapidamente subjugados. Em 1501, o jovem, com apenas 14 anos de idade, foi coroado rei do Azerbaijão. Era o ato fundador da dinastia Safávida, último e talvez mais glorioso grande império iraniano. Quatro anos depois, Ismail ergueu-se ao título absoluto de xá dos xás.

Ismail se via, acima de tudo, como um grande guia religioso. Dizia-se apontado por Deus e propagava a tese, falsa, de que descendia de Maomé. A reivindicação da linhagem visava atender o pré-requisito xiita de que os principais líderes possuíam legitimidade extraída de seus laços de sangue com o profeta. Embora fosse de etnia turca-azeri ou curda, não se sabe ao certo, Ismail falava persa e enaltecia a cultura iraniana. Enxergava-se como parte da linhagem, iniciada com Ciro, o Grande, de grandes homens à frente do Irã.

O projeto central de Ismail consistia em estabelecer um governo xiita sobre bases nacionalistas persas. Na primeira década do século XVI, ele controlava quase toda a Pérsia. Seus soldados o tinham como santo. Obcecado pelo martírio do imã Hussein, o xá dos xás conseguiu eletrizar seus soldados com a ideia de que a disposição para o sofrimento era uma arma poderosa. O martírio no campo de batalha prometia acesso direto ao Paraíso, num prelúdio do que ocorreria quatro séculos depois, quando iranianos lutaram para repelir a invasão do país pelas tropas iraquianas de Saddam Hussein.

Ismail levava tão a sério o culto ao martírio de Hussein que passou a ordenar encenações públicas da morte do imã para comemorar grandes celebrações xiitas. Era o início das cerimônias, comuns até hoje, de teatralização da morte

Da Antiguidade à Era Moderna | 135

Vista interna dos vitrais do palácio de Bagh-e Dolat Abad, em Yazd, região central do Irã. O local serviu de residência para o regente Karim Khan Zand, no século XVIII.

de Hussein, muito semelhantes à Paixão de Cristo. Foi assim que surgiram os rituais de autoflagelo, simbólico ou real.

Sob impulso dos reis safávidas, o xiismo duodecimano (que crê no retorno do oculto 12º imã) prevaleceu sobre outras vertentes xiitas, como ismailistas ou zaidistas, relegadas desde então a comunidades minúsculas.

Embora já houvesse existido Estados xiitas na Pérsia, como a dinastia Buyida no século X, nenhum chegou perto do que foi a teocracia safávida. A lei sob o reino de Ismail era amplamente inspirada nas escrituras sagradas. Os clérigos formavam uma hierarquia – e uma elite – intimamente ligada ao poder central. Sunitas, que eram maioria antes da ascensão de Ismail, foram obrigados a se converter, sob pena de ser executados. Houve caça e extermínio de clérigos sunitas.

Além do culto ao martírio e da perseguição aos sunitas, a dinastia Safávida é lembrada pela importância que deu às artes e à arquitetura persas. Após ser transformada em capital, no século XVI, Isfahan se tornou epicentro dessa renascença, que motivou a construção do palácio das 40 colunas e da praça real Naqsh-e Jahan, até hoje um dos lugares mais sublimes do Oriente Médio.

As ambições de grandeza eram financiadas em grande parte pelo comércio com a Europa e pela Rota da Seda. O império viveu seu auge sob o xá Abbas, no século XVII, quando se estendia do Iraque ao Uzbequistão atuais. Foi Abbas quem expulsou os portugueses que ocupavam ilhas do golfo Pérsico, em 1622.

136 | Os iranianos

Como toda potência, a Pérsia safávida acumulava inimigos, desde tribos curdas até exércitos centro-asiáticos. A maior ameaça, porém, vinha do poderoso vizinho Império Turco-Otomano, arquirrival regional e base mais poderosa do islã sunita. Além do antagonismo ideológico, safávidas e otomanos disputavam o controle da Mesopotâmia, área fértil e de valiosa importância estratégica. Sob o comando de Ismail, os safávidas conquistaram Bagdá. Mas a cidade foi recuperada décadas depois e permaneceu sob domínio turco até o colapso do Império Otomano, ao fim da Primeira Guerra Mundial (1914-1918).

O declínio safávida começou ao final do século XVII, em meio a negócios em queda e reis mais interessados em haréns e bebedeiras do que em governar. Lideranças xiitas passaram a considerar ilegítimos esses dirigentes impuros e incompetentes, o que ajudou a minar as fundações ideológicas da teocracia safávida. Clássico exemplo da queda de braço entre religiosos e políticos característica da história iraniana.

Em 1722, tropas sunitas afegãs invadiram o Império e tomaram Isfahan sem dificuldade. O trono safávida foi resgatado por um valente soldado turcomano chamado Nader, que repeliu os invasores em 1729. Não satisfeito em salvar a monarquia, o soldado herói julgou-se mais qualificado que os então dirigentes e tomou o poder. Declarou-se xá sete anos depois. Inspirado pela megalomania sanguinária de Gengis Khan, Nader atacou vários vizinhos, incluindo a Índia, onde se apoderou de algumas das joias mais valiosas do mundo, formando uma coleção hoje exposta no Museu das Joias de Teerã. O xá, cujos surtos psicóticos aterrorizavam a corte, acabou assassinado por um soldado, abrindo uma era de anarquia na corte e no país. Após anos de instabilidade, quem assumiu o poder foi um descendente de Nader chamado Karim Khan, fundador da dinastia Zand, que ficou conhecida pela generosidade e liberdade com a população e por ter transferido a capital para Shiraz, no sul do país.

QAJAR, REIS QUE AFUNDARAM A PÉRSIA

A dinastia Zand entrou em declínio a partir de 1779, após rebelião liderada pelos Qajar, influente família de etnia turca conhecida por ter ocupado posições importantes no governo safávida. O primeiro rei Qajar foi Agha Mohammad, que havia sido castrado e preso durante 16 anos pelo já extinto clã do xá Nader. Agha Mohammad estendeu seu poder sobre a Pérsia e recebeu formalmente o título de xá em 1796. Foi sob suas ordens que a corte instalou-se em Teerã, até então um vilarejo sem importância. Morreu assassinado no ano seguinte, abrindo caminho para uma sucessão de reis que acabaram por afundar o Irã economicamente, colocando o país à mercê de potências estrangeiras.

Antes de se render à supremacia estrangeira, a dinastia Qajar tentou enfrentá-la. Em 1804, o xá Fatah Ali atacou o Império Russo com o intuito de impedir que dominasse o Cáucaso e parte do acesso ao mar Cáspio. O resultado da empreitada, após uma década de conflito, foi catastrófico para os iranianos, obrigados a assinar um tratado reconhecendo a soberania russa sobre áreas historicamente controladas pela Pérsia, como os atuais Azerbaijão e Geórgia. Em 1820, uma segunda guerra contra os czares resultou em mais perdas territoriais.

O xá seguinte, Naser-u Din, lançou um plano destinado a modernizar e ocidentalizar a Pérsia, inclusive em matéria de educação e tecnologia. Para financiar essa ambição, tomou empréstimos colossais no exterior, o que fragilizou as finanças do regime. A situação complicou-se por causa do modo de vida da corte. Reis Qajar eram dados a luxo e pompa e torravam fortunas com obras de arte. Em viagens pela Europa, levavam comitivas com centenas de pessoas, incluindo haréns inteiros. A família Qajar afundou então numa espiral autodestrutiva, na qual era obrigada a vender seu patrimônio e recursos econômicos nacionais a russos e britânicos para ressarcir dívidas contraídas com os mesmos estrangeiros. Ao mesmo tempo, a casa real aumentava impostos, acirrando a insatisfação tanto do povo como das elites.

Aproveitando-se da vulnerabilidade da família real, as potências se apropriam de territórios até então controlados por Teerã. A Rússia tomou parte do Uzbequistão e do Turcomenistão, enquanto a rival Grã-Bretanha expulsou os iranianos que ocupavam Herat, no atual Afeganistão. No entanto, as relações dos Qajar com os vizinhos turco-otomanos eram cordiais, ao contrário das dinastias iranianas anteriores.

Alimentada em grande parte pelos clérigos, a ojeriza da população contra os Qajar culminou com a Revolução Constitucional de 1906, quando a pressão das ruas obrigou o palácio a aceitar a elaboração de uma Carta Magna para frear o despotismo real. Assim surgiu a primeira Constituição iraniana, que previa regime secular e liberdade de imprensa. Temendo perder seus interesses na Pérsia, a Rússia apoiou várias tentativas de contrarrevolução, mas os constitucionalistas prevaleceram.

As aspirações por independência e liberdade, contudo, foram por água abaixo com a partilha efetiva do Irã, em 1907, entre russos, que tomaram o norte, e britânicos, que ocuparam o litoral do golfo Pérsico. Apesar dos esforços para manter a cordialidade, as duas potências acabaram travando disputa implacável, no âmbito do "Grande Jogo", pelo estratégico território iraniano. Durante a Primeira Guerra Mundial, a Pérsia tornou-se campo de batalha entre russos, ingleses, alemães e turcos.

Em 1917, a queda do czar Nicolau II, com a Revolução Russa, aliviou o jugo russo sobre os iranianos. Ideologicamente comprometido com a bandeira do anti-imperialismo, o novo regime bolchevique cancelou o tratado de partição da Pérsia assinado

138 | Os iranianos

com os britânicos, retirou suas tropas do país e perdoou a dívida iraniana. Mas ainda assim os soviéticos mantiveram forte influência sobre o Irã. Por um lado, sonhavam em fomentar uma revolução socialista para conter a expansão colonial britânica e usar a Pérsia como plataforma de exportação do bolchevismo para o subcontinente indiano. Por outro, apoiavam movimentos nacionalistas regionais nas zonas fronteiriças com o território iraniano. Atiçado pelos russos, o anti-imperialismo fervilhava em Teerá e nas demais cidades. A Grã-Bretanha, de olho no potencial gigantesco da então jovem indústria petroleira iraniana, manobrava para garantir presença local.

A vantagem tática dos soviéticos ruiu em 1921, depois que os britânicos fomentaram um golpe que derrubou o regime constitucional da Pérsia e instalou em seu lugar um comando militar sob as ordens de um oficial de implacável inteligência: o general Reza Khan. Ocupando o cargo de ministro da Guerra e, em seguida, o de primeiro-ministro, o novo líder conseguiu reagrupar as forças armadas e trouxe estabilidade de volta ao país. Quatro anos depois, ele formalizou o fim da dinastia Qajar e ordenou ao Parlamento que o "elegesse" monarca. Adotando um sobrenome fictício, que visava associá-lo à tradição persa ancestral, transformou-se no xá Reza Pahlavi. Tinha 48 anos de idade.

SOB REINO PAHLAVI, O CHOQUE DE MODERNIDADE

Reza Pahlavi era um homem austero e sem instrução. Seus hábitos de vida simples incluíam dormir no chão, sobre tapetes. Mesmo assim, fez da ocidentalização do país a marca registrada de seu governo.

O xá admirava a força visionária do contemporâneo vizinho turco Mustafá Kemal Ataturk, que construiu um pujante Estado secular sobre os escombros do islâmico Império Otomano, após a Primeira Guerra Mundial. No afã para apagar da Turquia todo rastro do passado religioso, Ataturk aboliu até o alfabeto árabe do idioma turco, substituindo-o por caracteres latinos. Inspirado pelo exemplo turco, Reza Pahlavi declarou guerra aos clérigos e à vida tradicional.

O véu islâmico foi banido em locais públicos, assim como as roupas tradicionais para homens, doravante obrigados a se vestir à moda ocidental. Soldados patrulhavam as ruas das cidades e arrancavam à força vestimentas julgadas retrógadas. Tribunais de sábios islâmicos foram dizimados por um novo sistema jurídico ocidentalizado. O ensino passou a ter manuais escolares para acabar com o monopólio do Corão como fonte de conhecimento. Escolas particulares e laicas proliferaram. Procissões xiitas e até a peregrinação a Meca passaram a ser desestimuladas. O xá

Da Antiguidade à Era Moderna | 139

Vista da praça Azadi com, ao fundo, a torre que leva o mesmo nome. O local, construído pelo xá Mohammad Reza Pahlavi a sudoeste de Teerã, é um dos cartões postais mais conhecidos da capital.

obrigou a população rural a abandonar títulos tradicionais e a substituí-los por sobrenomes devidamente registrados em cartório.

Uma das iniciativas que mais enfureceram os religiosos foi um plano de emancipação feminina que ficou conhecido como "Despertar da Mulher", implantado em 1936. Além de vender a ideia do véu e da tradição islâmica como barreiras à evolução social, a campanha serviu para incentivar a participação das mulheres nos negócios, na academia, na cultura e nos esportes. Naquela época, o país já tinha ministras e juízas. Níveis de alfabetização e educação sexual deram um salto. Muitos iranianos até hoje acreditam que o "Despertar da Mulher" sedimentou as bases do protagonismo feminino que diferencia o Irã da maior parte dos países de maioria islâmica. Nem a chegada ao poder dos aiatolás, décadas depois, foi capaz de reverter as conquistas.

Protestos contra a modernização da sociedade foram silenciados à bala, num reflexo da brutalidade do xá contra toda dissidência ou contestação. Num dos episódios mais sangrentos, o regime esmagou uma manifestação pacífica de religiosos no santuário de Mashhad, em 1935, deixando centenas de mortos.

140 | Os iranianos

No caminho rumo a um Estado moderno, Reza Pahlavi também atacou o modelo de sociedade rural, forçando nômades a se tornarem sedentários e prendendo ou assassinando líderes tribais. Como outras ditaduras, o regime usava o exército como pilar das políticas públicas. As forças armadas serviam como porta de entrada à modernidade para multidões de jovens rurais.

Num evento marcante na história do Irã, Reza Pahlavi foi o primeiro monarca iraniano a visitar oficialmente a comunidade judaica, em 1935. Sob suas ordens, judeus puderam construir casas fora dos guetos.

A metamorfose social foi amparada por profundas reformas no funcionamento do Estado e da economia. Sob o reino de Reza Pahlavi, saneamento básico e rodovias foram estendidos até as áreas mais remotas do país. Um dos grandes orgulhos do xá era a construção da ferrovia que ligou o golfo Pérsico, no litoral sul, ao mar Cáspio, no extremo norte. Foi Reza Pahlavi quem fundou o Banco Nacional do Irã e a Universidade de Teerã, majestosamente erguida no centro da capital e até hoje uma das melhores do país.

Foi também Reza Pahlavi quem decidiu mudar o nome oficial do país. O termo "Pérsia", pelo qual era internacionalmente conhecido, foi trocado por "Irã", usado em larga escala pela população. A decisão foi comunicada em carta à Liga das Nações, antecessora da ONU, em 1935. Reza Pahlavi alegou necessidade de adotar um nome que melhor traduzisse a realidade multiétnica da nação. Afinal, muitos iranianos não são persas.

Mestre absoluto no cenário doméstico, Reza Pahlavi era vulnerável à pressão externa. Britânicos, que o haviam levado ao poder, incomodavam-se com suas queixas acerca da repartição dos lucros petroleiros. Russos o enxergavam como ameaça constante. A tensão com as duas potências levou o xá a se aproximar da Alemanha nazista nos anos 1930. Reza Pahlavi se manteve neutro durante a Segunda Guerra Mundial e recusou o pedido para que o Irã fosse usado como base logística americana na luta contra as tropas de Hitler. O posicionamento custou caro. Em 1941, Grã-Bretanha e União Soviética se uniram para depor o xá e colocar em seu lugar seu primogênito, Mohammad Reza Pahlavi, que prosseguiu com afinco as políticas modernizantes do pai.

Educado num internato suíço e com traços de personalidade melancólica, Mohammad Reza Pahlavi ainda não tinha completado 22 anos quando assumiu o poder, em pleno calor da Segunda Guerra Mundial.

Ele passou os primeiros dois anos de mandato sob tutela dos países que lutavam contra a Alemanha nazista: Rússia e Grã-Bretanha, que ocupavam o território iraniano, e, em menor escala, os EUA. Em 1943, as potências reconheceram a independência do Irã, e o segundo xá da dinastia Pahlavi assumiu plenos poderes. Optou, contudo, por manter o país na órbita ocidental quando a Guerra Fria tomou forma.

No final dos anos 1940, o Irã era um paraíso para a Anglo-Iranian Oil Company, que, apesar do nome, era propriedade exclusiva dos britânicos. Os contratos eram descaradamente injustos para os iranianos, que nem sequer podiam acessar instalações de extração. Esse modelo ficou estremecido quando o nacionalista Mohammad Mossadegh ganhou a eleição parlamentar de 1951.

Mossadegh formou uma poderosa frente parlamentar anti-imperialista, que conseguiu nacionalizar a indústria petroleira. A manobra custou caro ao primeiro-ministro. Mossadegh acabou derrubado dois anos depois, num golpe orquestrado por Grã-Bretanha e Estados Unidos. Mohammad Reza Pahlavi recuperou plenos poderes e prosseguiu a agenda de alinhamento político e moral ao Ocidente que enfurecia tanto clérigos quanto comunistas e intelectuais. Numa ironia do destino, os britânicos acabaram aceitando, meses após o golpe contra Mossadegh, uma repartição mais igualitária dos lucros petroleiros com os iranianos. Doente e trancado em prisão domiciliar, o ex-primeiro-ministro não pôde desfrutar da vitória nacionalista lançada por ele.

Livre dos nacionalistas e comunistas, o xá tornou-se um líder mais confiante. Em 1963, convocou um referendo popular para legitimar seu projeto de implantar uma "Revolução Branca", que consistia em acelerar a modernização do país de forma pacífica e ordenada. Sem surpresa, o "sim" obteve vitória avassaladora. Uma das ideias centrais do plano consistia numa reforma agrária destinada a acabar com os grandes latifúndios para beneficiar pequenos produtores. O xá apostava que o "fim do feudalismo" geraria uma nova base de apoio nos meios rurais. Mas o resultado foi o oposto do esperado. As parcelas de terra cultivável ficaram pequenas demais. Crédito era difícil de obter. Poucos camponeses tinham instrução suficiente para administrar seu plantio de maneira eficiente. Dois milhões de famílias iranianas perceberam rapidamente que a promessa de independência financeira não sairia do papel.

Outras iniciativas decorrentes da Revolução Branca tiveram mais êxito. O ensino universal compulsório fez disparar as taxas de alfabetização. Nas áreas mais remotas, adultos iletrados recebiam visitas gratuitas das Brigadas da Alfabetização, formadas por jovens em serviço militar. Programas de assistência social aliviaram o sofrimento dos mais carentes.

Seguindo os passos do pai, Mohammad Reza Pahlavi continuou minando a influência dos clérigos, embora tenha liberado o uso do véu em público. Clérigos tinham cada vez menos poder e reconhecimento. Como um tapa na cara dos religiosos, o regime permitiu às mulheres que votassem e se candidatassem em eleições locais. As leis da família implantadas pelo xá dificultaram a poligamia e deram às mulheres o direito de pedir divórcio e disputar a guarda dos filhos. Homens perderam a possibilidade de declarar divórcio unilateralmente. A idade mínima de casamento para mulheres subiu de 13 para 18 anos. Mulheres iranianas se destacavam em todas as profissões.

Modelo Mercedes conversível que pertencia à coleção de carros do xá Mohammad Reza Pahlavi é exibido no Museu Sad Abad, norte de Teerã. A vida nababesca do monarca contribuiu para a Revolução.

O protagonismo feminino era acompanhado da liberalização dos modos nos meios urbanos. Em alguns bairros de Teerã, mulheres andavam de minissaia e frequentavam bares. A internet está cheia de fotos nostálgicas dessa época em que o Irã era um dos lugares mais abertos e tolerantes do Oriente Médio.

Acirrando ainda mais a contrariedade dos conservadores, o xá vivia numa corte cercada por ocidentais – assessores, consultores, diplomatas e amigos. Ao menos 50 mil americanos viviam em Teerã ao fim dos anos 1970. A maioria deles era ligada a empresas de defesa e engenharia. Tinham condomínios, escolas e igrejas próprios. Pastores evangelistas atuavam livremente no país.

À percepção de corrupção moral somava-se uma fúria silenciosa pela brutalidade do regime, que disparou a partir da segunda tentativa de assassinato contra o xá, em 1965.

A insatisfação começou a ganhar voz no santuário de Qom, ao sul de Teerã, onde um certo aiatolá Ruhollah Khomeini pregava abertamente uma revolução contra o ditador ocidentalizado.

O ESTADO TEOCRÁTICO ISLÂMICO

No inverno de 1979, um regime rico, estável e protegido por um Exército leal e bem equipado foi varrido do poder por um dos maiores levantes populares da história contemporânea. Mas o apoio quase unânime à Revolução Iraniana esvaiu-se tão logo a população percebeu que o aiatolá Khomeini não queria acelerar, mas recuar do caminho em direção ao progresso. Na contramão da ideologia iluminista que marcou revolucionários franceses, russos e até egípcios, o novo regime no Irã enterrou a modernidade e ressuscitou o idílio de um governo divino. Criou-se um regime atípico, autoritário com elementos republicanos. Um modelo impossível de exportar, mas que nasceu com a ideia de ser exportado. Embora mais conhecido pelas atrocidades cometidas ao longo de três décadas e meia no poder, o regime iraniano obteve vários êxitos, principalmente no plano social.

A QUEDA DA MONARQUIA

Ruhollah Khomeini era um carismático teólogo xiita que militava desde os anos 1940 contra a monarquia. A Revolução Branca, promovida por Mohammad Reza Pahlavi, foi um divisor de águas na trajetória militante de Khomeini. Em 1963, o aiatolá foi detido e jogado numa prisão de Teerã por acusar publicamente o xá de ser inimigo do islã. Imediatamente, simpatizantes do clérigo foram às ruas para exigir sua libertação. Tropas abriram fogo, matando centenas e gerando ainda mais protestos. Para prevenir uma explosão social, Pahlavi libertou o aiatolá, que partiu então para seu longo período de exílio no exterior.

Após breve estadia na Turquia, Khomeini migrou para o santuário xiita de Najaf, no Iraque. Foi lá que escreveu, em 1969, o livro *Velayat-e Faqih* (governo dos juristas islâmicos), no qual expressou sua visão do Estado islâmico ideal, que deveria, segundo ele, ser implantado no Irã.

144 | Os iranianos

Khomeini estava em Najaf quando ocorreu um dos atos mais marcantes da escalada de ódio popular contra o xá: a colossal festa de luxo e ostentação para comemorar os 2.500 anos de fundação do Império Persa, nas ruínas de Persépolis, no sul do Irã. Regada a quantidades colossais de álcool, a balada durou três dias e reuniu centenas de reis e governantes do mundo todo. Foi registrada no *Livro dos recordes* como o mais longo banquete da Era Moderna. Os hóspedes dormiam em suntuosas tendas no estilo persa tradicional, construídas ao lado das ruínas. Exibindo imagens do ambiente repleto de mulheres sem véu, a TV estatal descrevia o evento como uma grande festa da nação iraniana. Mas o povo foi proibido até de chegar perto do local. Na mesma época, uma miséria aterradora ainda assolava o Irã. Khomeini chamou a celebração de "festival do demônio".

Cinco anos depois, Pahlavi aboliu o calendário islâmico, substituindo-o pelo persa. Continuava a corrida frenética para tentar transformar o Irã num país secular e com modos ocidentais.

A economia começou a dar os primeiros sinais de hiperaquecimento na metade dos anos 1970. A profusão de divisas causava inflação. Carências de infraestrutura resultavam em gargalos na cadeia produtiva. Paralelamente, o xá endividava-se para saciar suas frenéticas aquisições de equipamento militar americano. Os Estados Unidos achavam ótimo. Vendiam armas caras e ao mesmo tempo blindavam o aliado contra a influência soviética. Havia, contudo, uma voz dissonante no Departamento de Estado. Era o diplomata William R. Polk, que servia em Teerã na época. No livro *Understanding Iran*, ele diz ter alertado seu governo para os excessos armamentistas do Irã. Entre os riscos, escreveu Polk, estava o de americanos e iranianos parecerem provocar o Exército russo.

Esses excessos irritavam os meios instruídos, principalmente esquerdistas anti-imperialistas e intelectuais, já alvejados pela repressão cada vez mais dura por parte dos agentes da Savak, a polícia política. Em seu exílio, Khomeini continuava defendendo a necessidade de derrubar o regime. Sua mensagem alcançava a população iraniana graças às transmissões da BBC em farsi e à circulação clandestina de fitas cassete contendo gravação de pregações. O aiatolá estava se transformando numa espécie de líder espiritual da oposição.

O evento considerado a gota d'água na escalada contra o xá foi a decisão do governo de emplacar no jornal *Ettemaad*, em janeiro de 1978, uma reportagem destinada a difamar Khomeini. O texto questionava as credenciais religiosas do aiatolá ao afirmar que ele havia tido juventude libidinosa, consumia álcool e era, em realidade, um "mago indiano". O ataque enfureceu estudantes religiosos e clérigos em Qom, que iniciaram protestos virulentos. A polícia reagiu brutalmente, matando dezenas de pessoas. Por um efeito bola de neve, protestos se espalharam pelo país. Quanto mais manifestantes morriam, maior o movimento ficava. Algumas marchas, no final de 1978, reuniram milhões de pessoas em Teerá. Khomeini acompanhava em sua casa na periferia de Paris, onde vivia com outros clérigos desde que havia sido expulso do Iraque, meses antes, pelo então vice-presidente Saddam Hussein.

Convencido de que era amado e respeitado por colocar a nação no caminho do progresso, o xá não conseguia acreditar em tamanha fúria popular contra ele. Talvez por isso tenha se mostrado inseguro e hesitante. Na TV, disse que a revolta era "em boa parte justificável" e pediu desculpas pelos "erros passados". Nas ruas, mantinha a mão pesada contra os manifestantes. Acossado, buscou amparo dos americanos. Mas os Estados Unidos preferiram não se envolver, talvez por querer distanciar-se da imagem de golpistas que carregavam desde a operação contra Mossadegh, em 1953.

Sentindo-se traído pelo Ocidente, Mohammad Reza Pahlavi deixou o Irã no dia 16 de janeiro de 1979, acompanhado de sua terceira esposa, Farah Diba, e dos filhos, incluindo o príncipe herdeiro. Simpatizantes do xá alegam que, se tivesse estômago para reprimir os protestos com mão mais pesada, talvez não tivesse sido obrigado a bater em retirada. A família imperial passou por vários países em busca de abrigo, incluindo Egito, Marrocos e Panamá. Minado por um câncer, Mohammad Reza Pahlavi recebeu relutante permissão do então presidente Jimmy Carter para ser tratado nos Estados Unidos. Pressionado a encurtar a estadia americana, o xá retornou ao Egito, onde morreu em 1980.

Duas semanas após a fuga do xá, Khomeini voltou a Teerá a bordo de um Jumbo fretado da Air France. A triunfal chegada ao aeroporto Mehrabad eletrizou uma multidão incontrolável de milhões de pessoas em transe. Questionado por um jornalista sobre o que sentia naquele momento, Khomeini respondeu: "Nada". Até hoje existe uma controvérsia para saber se a indiferença do aiatolá refletia desprezo pela acolhida popular ou se era uma maneira de dizer que a dimensão pessoal era irrelevante diante da missão supostamente divina de comandar a revolução.

Embora o período seja frequentemente chamado de Revolução Islâmica, a revolta em si só foi possível graças à interação espontânea de uma ampla gama de forças políticas, algumas com ideologias antagônicas.

146 | Os iranianos

TEOCRACIA OU REPÚBLICA?

Khomeini deu o tom de sua visão política logo após retornar ao Irã: "Eu escolho o governo". O aiatolá deixou claro que pretendia montar um "governo de Deus" e alertou que qualquer oposição seria considerada heresia. A advertência estava direcionada a Shapur Bakhtiar, primeiro-ministro que o xá, ao voar para o exterior, havia apontado às pressas para administrar o Irã até o sonhado retorno, que nunca aconteceu. Bakhtiar renunciou dias depois e fugiu para Paris, onde acabou assassinado em 1991, aparentemente sob ordens de Teerã.

Em abril de 1979, Khomeini submeteu os iranianos a um referendo no qual tiveram de responder se aceitavam substituir a monarquia por uma república islâmica. O "sim" ganhou por 99%. Àquela altura, derrubar o velho regime era a prioridade das massas. Não havia espaço, nem coragem talvez, para discutir os contornos do novo Estado proposto pelos religiosos revolucionários.

Enquanto preparava as fundações do novo regime, Khomeini indicou Mehdi Bazargan para administrar o governo interino. A escolha de Bazargan, engenheiro com formação europeia, era um aceno aos setores seculares e liberais da sociedade iraniana que haviam batalhado ao lado dos clérigos para derrubar a monarquia. Mas o sofisticado professor universitário assistiu, impotente, à caça às bruxas que forças ultraconservadoras deflagraram somente dias após a revolução. Membros do alto escalão do regime deposto eram julgados às pressas e executados às dezenas. Muitas pessoas desapareceram, num ambiente de caos e terror acirrado pelo colapso das instituições. Bastava a denúncia de um vizinho para se decretar a prisão de alguém. Além da violência vingativa descontrolada, o Irã tornou-se um país totalmente disfuncional.

Esse cenário favoreceu os religiosos, que se apresentavam como a salvação necessária e definitiva para restaurar a ordem. Aos poucos, Khomeini e seus aliados se sobrepuseram às demais forças do espectro revolucionário.

"No início não se tratava de uma revolução islâmica, mas de um movimento que abraçava todo tipo de correntes – nacionalistas, esquerdistas, sindicalistas, religiosas etc. –, unidas contra o regime repressor e cruel do xá. Era uma revolta profunda contra a injustiça e pela liberdade, típica dos movimentos anti-imperialistas e terceiro-mundistas dos anos 1970. Mas a desordem e o caos se instalaram após a revolução, e esse cenário acabou beneficiando os clérigos, que eram vistos com uma espécie de referência segura num contexto de incertezas e disputas pós-revolucionárias. [...] Khomeini era parte de uma corrente muito ampla, mas acabou beneficiando-se da imagem de velhinho religioso alheio às disputas partidárias. Ele era o único vestígio da unanimidade revolucionária que se rompeu após a queda do regime do xá. E ele acreditava em sua própria soberba, o que lhe dava mais força", disse, em entrevista à *Folha de S.Paulo*, a antropóloga e analista iraniana Fariba Adelkhah, do Centro de Estudos e Pesquisas Internacionais de Paris (1º fev. 2009).

O fato que simboliza a apropriação definitiva da revolução por forças islâmicas ultraconservadoras é a renúncia do então primeiro-ministro Mehdi Bazargan, no dia 6 de novembro de 1979, em protesto contra a tomada da embaixada dos Estados Unidos em Teerã.

Antes de deixar o cargo, Bazargan havia se juntado aos que tentavam impedir que a nova Constituição transformasse o Irã numa teocracia totalitária. Aconteceu exatamente o que primeiro-ministro temia. Em dezembro de 1979, a nova Carta Magna entrou em vigor, semanas após ser aprovada por quase 99% dos iranianos, numa atmosfera de pressão pelo "sim".

Assim nascia um Estado com características únicas no mundo. A República Islâmica do Irã ostenta no título suas raízes concomitantemente republicanas (inspiradas pela tradição revolucionária e antimonárquica europeia) e religiosas. O modelo pretendia ser, ao mesmo tempo, democrático, com cargos eletivos, e absolutista, pela suposta conexão com Deus. Khomeini batizou o sistema de Velayat-e Faqih, mesmo nome do livro que havia escrito em 1969, antecipando seu ideal de governo. Khomeini assumia o papel de faqih, jurista máximo cuja função era a de representante de Deus na terra. O aiatolá estava legalmente autoincumbido de governar os muçulmanos enquanto esperassem o retorno do Mahdi, o imã oculto que Deus há de enviar à Terra para restaurar a ordem e a justiça. No papel, o cargo levava o nome de rahbar, líder supremo, em farsi.

Meses após a morte de Khomeini, em junho de 1989, foram introduzidas algumas emendas, como a eliminação do cargo de primeiro-ministro, que compõem o sistema atualmente em vigor.

Em tese, o sistema é inspirado no modelo republicano ocidental da separação dos poderes em Executivo, Legislativo e Judiciário. Mas a palavra final sobre todos os assuntos cabe única e exclusivamente ao líder supremo. À frente de um posto vitalício, ele aponta clérigos e juristas nos cargos mais importantes do regime e orienta as políticas externa, militar e de inteligência. Tem o poder de demitir qualquer servidor, inclusive o presidente, e orienta a máquina de propaganda oficial. O líder supremo é escolhido em votação pela Assembleia dos Peritos, formada

148 | Os iranianos

por cerca de 80 juristas eleitos em voto popular a cada oito anos. A assembleia possui, em tese, o direito de supervisionar o desempenho do líder e caçá-lo caso não honre sua missão.

Legalmente considerado o segundo homem mais poderoso do Estado, o presidente da República é eleito por voto popular direto a cada quatro anos, com direito a uma reeleição consecutiva. Na prática, a função equivale à de primeiro-ministro. Sua lista de prerrogativas inclui apontar vice-presidentes, ministros (que precisam de aprovação parlamentar) e governadores. Cabe ao presidente conduzir a política econômica, administrar a infraestrutura e receber credenciais de embaixadores estrangeiros. Chamado de chefe de governo, o presidente também tem poder de direcionar parte da política externa e é incumbido de representar o Irã na Assembleia Geral da ONU.

Candidaturas à presidência precisam passar pelo crivo do mais poderoso órgão não eleito: o Conselho de Guardiães da Revolução. Trata-se de um grupo formado por seis teólogos (apontados pelo líder supremo) e seis juristas (indicados pelo Judiciário e aprovados pelo Parlamento) que atuam como fiscais ideológicos do regime. Eles são encarregados de avaliar a conformidade dos presidenciáveis com os ideais islâmicos da Revolução de 1979.

O Conselho de Guardiães também monitora o Parlamento Unicameral, cujos 290 membros são eleitos a cada quatro anos. O conselho filtra candidaturas para pleitos parlamentares e veta projetos de lei que considera incompatíveis com o regime revolucionário.

Já as prerrogativas incluem, além da elaboração das leis, a missão de fiscalizar a atuação do presidente da República. Em caso de má gestão, o Legislativo tem direito de intimá-lo a se explicar no Parlamento e até de cassá-lo. Deputados formam grupos com forte influência nas questões de política externa, energia nuclear e segurança nacional. Minorias têm direito de representação no Parlamento. Cristãos armênios têm duas cadeiras reservadas, enquanto assírios, judeus e zoroastras possuem um assento cada. No sistema iraniano, partidos políticos têm pouca relevância. Mas disputas ferozes são constantemente travadas entre diferentes órgãos do Estado ou entre correntes formadas por políticos aliados.

A complexa estrutura do poder central inclui ainda um órgão consultivo chamado Conselho de Discernimento, com número indefinido de membros, geralmente entre 20 e 40, apontados pelo líder supremo. O conselho reúne políticos, juristas e teólogos encarregados de assessorar o líder supremo em questões legais e de arbitrar eventuais desacordos entre o Legislativo e o Conselho de Guardiães da Revolução.

O Estado teocrático islâmico | 149

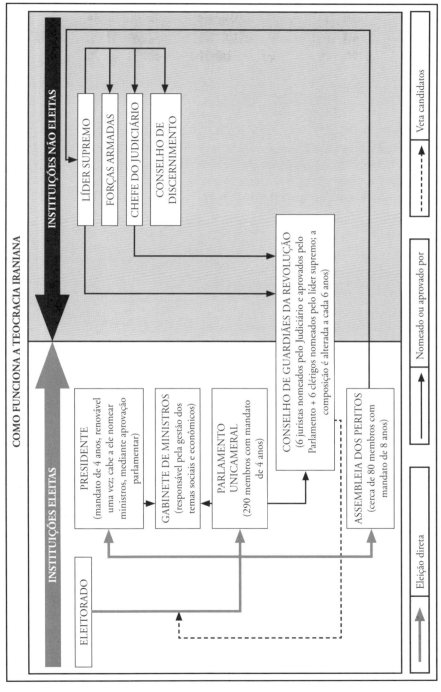

O sistema de governo complexo tenta integrar elementos democráticos a um modelo autoritário.

150 | Os iranianos

No plano local, governadores são, como já vimos, apontados pelo gabinete presidencial. Já vereadores, escolhidos pelo voto direto a cada quatro anos, têm a prerrogativa de eleger prefeitos.

A lei garante que mulheres podem se candidatar e ocupar todos os cargos. Na prática, porém, o Conselho de Guardiães sempre alegou qualificação insuficiente para barrar candidaturas femininas à Presidência e à Assembleia dos Peritos. Até

Cartazes colados em rua de Semnan, cidade a leste de Teerã, durante campanha para as eleições municipais, em 2013, que teve várias candidatas mulheres. Lideranças femininas participam ativamente das ásperas disputas políticas entre facções rivais no Irã.

a publicação deste livro, mulheres só haviam chegado a cargos de vice-presidente, governadora, ministra e deputada.

O Irã tem cerca de 50 milhões de pessoas aptas a votar, o equivalente a toda a população acima de 18 anos, homens e mulheres de qualquer grupo étnico ou religioso. O voto é facultativo, mas o comparecimento costuma ser elevado para padrões ocidentais. A participação popular nas urnas tem duas motivações principais: o gosto dos iranianos pela política, que ressurge com força a cada eleição; e a pressão das autoridades para que servidores, religiosos e estudantes compareçam às urnas em grande número para reforçar a legitimidade popular do Estado teocrático.

O PODEROSO APARATO DE SEGURANÇA

O Estado iraniano funciona com base num abrangente e sofisticado aparato de segurança nacional, que emprega em tempo integral quase um milhão de pessoas, se incluída a polícia, e possui forte influência na economia e na política.

O elemento mais importante desse sistema é a Guarda Revolucionária, força de 120 mil homens que compõem a elite militar e de inteligência na República Islâmica. A guarda foi fundada por decreto de Khomeini, meses após a Revolução de 1979. O aiatolá queria uma força que atendesse a dois objetivos principais: blindar o novo regime contra ameaças internas e externas e formar contingente próprio para se contrapor ao Exército regular, ainda repleto de homens ligados ao xá e que haviam recebido treinamento nos Estados Unidos e em Israel. Hoje em dia, a Guarda Revolucionária, conhecida em farsi como Sepá-e pasdarán enghelab islamí, é uma das forças mais temidas do Oriente Médio, com unidades terrestres, marítimas e aéreas. Seu braço externo, conhecido como Qods (Jerusalém, para os muçulmanos), planeja e executa operações clandestinas para preservar e estender a influência geopolítica de Teerã. A força Qods atua do Líbano à Síria, do Iêmen ao Afeganistão, financiando insurgências xiitas ou até mesmo combatendo ao lado dos aliados. O comandante da Qods, general Qasem Soleimani, é um personagem tão poderoso quanto discreto, que desperta um misto de temor e admiração em seus maiores inimigos, Estados Unidos e Israel, conforme relatado em extensa investigação da revista *New Yorker* publicada em 2013.

No plano interno, a Guarda Revolucionária controla fronteiras e participa de temas estratégicos, como o programa nuclear e os mísseis de longo alcance. A elite militar também tem forte envolvimento em atividades de inteligência, principalmente no monitoramento dos dissidentes mais relevantes. Uma ala da notória prisão de Evin, no norte de Teerã, é reservada aos presos políticos sob sua custódia. Um deles me contou, enquanto esteve em regime aberto, que a guarda costuma ser menos conservadora que o restante do regime. "Por serem militares, muitos com experiência em operações no exterior, tendem a ser mais pragmáticos e menos ideológicos que outras facções", disse.

A partir dos anos 2000, a guarda expandiu suas atividades para a esfera econômica, investindo bilhões em bancos, empresas de construção, telecomunicações e hidrocarbonetos. A elite militar também apostou pesado nas privatizações. Hoje em dia, a guarda é um pilar da economia nacional, com participação em praticamente todos os setores produtivos. Isso se deu, em grande parte, pelo fato de o Irã estar marginalizado do comércio e da finança globais. Sem um setor privado aberto e competitivo, a guarda impôs-se sem dificuldade no mercado interno. Essa posição privilegiada, próxima do monopólio em alguns setores, como o de telecomunicações, ficaria comprometida caso o país se abrisse de vez ao capital estrangeiro. O temor de perder a primazia explica em grande parte a relutância da Guarda Revolucionária em apoiar tentativas de normalização com as potências ocidentais.

As forças armadas regulares – Exército, Marinha e Aeronáutica – formam um contingente à parte, bem treinado, mas mal equipado, devido à dificuldade de adquirir armas por causa das sanções. Apesar de algumas compras russas e chinesas, boa parte dos arsenais são os mesmos da época do xá. Muitos dos aviões de combate à disposição do Irã são velharias dos anos 1970. Para contornar o problema, o Irã desenvolveu uma indústria armamentista nacional, mas a qualidade de sua produção é questionada por especialistas ocidentais.

Apesar da importância e do prestígio dos militares, o Irã tem orçamento militar relativamente modesto. Foram US$ 17,7 bilhões em 2013, contra US$ 34,7 bilhões do Brasil, segundo o International Institute for Strategic Studies, especializado no tema.

O Estado iraniano comporta ainda várias forças policiais. Entre as mais relevantes estão o serviço secreto conhecido como Etelaat, acusado de matar dissidentes; a patrulha cibernética criada sob a presidência Ahmadinejad para caçar oposição e pornografia on-line; e a Gasht-e Ershad, unidade de guarda moral encarregada de reprimir comportamentos "impróprios" em locais públicos. Qualquer iraniano sabe que ligações telefônicas e e-mails são constantemente monitorados pelas autoridades. O alvo não são namoros nem conversas sobre cerveja, mas articulações políticas por parte dos dissidentes ou das minorias. Estrangeiros atraem atenção especial das agências de inteligência. O cerco, porém, é quase sempre invisível.

A maior peculiaridade do aparato iraniano talvez seja o basij, formação paramilitar capaz de reunir, em circunstâncias de mobilização excepcional, mais de

O Estado teocrático islâmico | 153

Policial observa celebração religiosa em Teerã. O aparato de segurança tem influência na política, economia, cultura e sociedade.

um milhão de pessoas, segundo estimativas. Há cerca de 90 mil basijis profissionais. O restante são voluntários ou reservistas, parte de um verdadeiro sistema de segurança paralelo, que não entra na conta do contingente oficial das forças armadas militares e policiais. O basij surgiu em 1979, por ordem de Khomeini, que queria uma organização de jovens voluntários capazes de amparar o grande esforço social e securitário inerente à revolução. A milícia ficou conhecida durante a guerra com o Iraque, quando muitos de seus membros sacrificaram a própria vida ao avançar, em ondas humanas, sobre os campos minados, explodindo os artefatos e permitindo o avanço dos soldados profissionais.

Em sua versão moderna, os integrantes do basij, chamados de basijis, participam de atividades comunitárias, como aulas de reforço escolar e programas de férias para crianças carentes. Mas sua principal função é apoiar as forças de segurança. Onipresentes em universidades e mesquitas, moças e rapazes do basij formam um poderoso instrumento de inteligência à disposição do aparato repressor. Nos protestos estudantis de 1999 e 2003, basijis foram mobilizados em massa para caçar manifestantes a golpes de marreta e barras de metal até dentro dos alojamentos universitários. Violência ainda maior foi registrada na eleição presidencial de 2009, quando basijis vestiram uniforme militar e receberam armas de fogo e motocicletas para esmagar manifestantes que acusavam o governo de ter orquestrado a vitória de Ahmadinejad. Indícios apontam que a morte da jovem Neda Agha Soltan, durante um dos protestos em Teerã, foi causada pelo disparo de um basij. A agonia da moça foi filmada por câmeras de celular e publicada no Youtube, tornando-se uma das cenas de morte mais vistas na internet. Basijis são acusados de ter depredado o túmulo da moça.

São os milicianos que também formam barragens nas ruas de Teerã durante os fins de semana, revistando carros em busca de bebida alcoólica e comportamentos "impróprios". Por isso, são detestados pela maioria da classe média urbana. Muitos iranianos dizem que é preferível ser parado pela polícia moral, com quem se pode tentar argumentar, do que pelos basijis, geralmente mais intransigentes.

Embora se declarem voluntários a serviço do Estado, recebem uma série de benefícios, como isenção do serviço militar, pagamentos ocasionais em espécie e acesso privilegiado a cargos no governo, especialmente nas áreas de polícia e inteligência. Homens basijis são reconhecíveis pela combinação de barba, cabelo penteado de lado, anéis de oração nos dedos e camisas de manga comprida. Mulheres usam chador preto, o véu que cobre o corpo inteiro, e geralmente se abstêm de usar maquiagem e sapatos de salto.

GENEROSAS POLÍTICAS SOCIAIS

Nem só de repressão vive a República Islâmica. Khomeini implantou políticas sociais e sanitárias que ajudaram a criar uma eficiente rede de amparo aos iranianos mais necessitados. Bem antes da revolução, o aiatolá defendia que um dos principais objetivos do islã era promover a "justiça social". Num de seus primeiros discursos após voltar do exílio na França, prometeu que os iranianos teriam telefone, calefação, gasolina e transporte de graça. Obviamente nada disso aconteceu, e o discurso se tornou motivo de piada nos meios mais modernos. Mas a ideia de igualdade e protagonismo das massas foi uma das matrizes da revolução liderada por Khomeini. O historiador Ervand Abrahamian, em seu livro *Khomeinism*, traça um paralelo entre o populismo de Khomeini e o de líderes latino-americanos como Getúlio Vargas e Juan Perón. Abrahamian argumenta que o discurso ideológico da revolução iraniana foi compatível com atitudes pragmáticas que beneficiaram a população. O direito à propriedade privada, por exemplo, nunca foi ameaçado, apesar de numerosas expropriações de terras e imóveis de pessoas ligadas ao antigo regime ou às minorias.

Mahmoud Ahmadinejad, que deixou a Presidência em 2013, chega a evento político em Teerã. Seu governo foi marcado por políticas sociais populistas, guinada conservadora e acirramento da tensão com o Ocidente e Israel.

156 | Os iranianos

O Estado iraniano provê educação e saúde gratuitos em cada recanto do país. O transporte público é subsidiado, assim como gasolina, gás doméstico e passagens aéreas para voos domésticos. O país não oferece cobertura universal nos moldes do SUS brasileiro, mas praticamente todo trabalhador, no setor público ou privado, tem acesso a seguridade social. Aposentadorias e pensões para veteranos de guerra e deficientes são distribuídas em larga escala.

Parte da ajuda é financiada diretamente pelo governo. Mas a política social da República Islâmica funciona em grande escala com base nas megafundações de caridade que gravitam na órbita estatal. A maior de todas é a Bonyad Mostazafan (fundação dos oprimidos, em farsi), erguida sobre os escombros da finda Fundação Pahlavi. A Mostazafan multiplicou seu patrimônio bilionário por meio de agressivos investimentos na economia doméstica e no exterior, inclusive nas áreas de petróleo, turismo e construção. A entidade oferece desde bolsas de estudos até programas pré-natal em comunidades carentes, passando por acampamentos de verão para crianças e cuidados com veteranos de guerra. As fundações garantem ao Estado o apoio perene de parcela significativa da população.

Propaladas pela bonança petroleira dos anos 2000, políticas sociais aumentaram no governo Ahmadinejad. Mas a política de crédito fácil sofreu com a forte inadimplência, que esvaziou e enfraqueceu grandes bancos. Além disso, os subsídios pesaram cada vez mais nas contas públicas após a adoção de sanções que derrubaram os lucros petroleiros, a partir de 2010. Ao tentar substituir gradualmente os subsídios por remessas mensais diretas (de cerca de US$ 20) na conta de praticamente todo cidadão, o governo Ahmadinejad acabou acirrando a inflação.

Iranianos se queixam com frequência do empobrecimento geral do país a partir do segundo mandato de Ahmadinejad, devido a um misto de sanções e políticas governamentais erráticas. Num fenômeno relativamente novo, hoje se veem ocasionalmente pedintes nas ruas de Teerã. Milhares de famílias não têm renda suficiente para uma vida digna. Mas a miséria assola o Irã em proporção incomparavelmente menor do que na maior parte dos países da vizinhança.

FORMIDÁVEL MÁQUINA DE PROPAGANDA

Como todo governo autoritário, o Irã opera uma estratégia de comunicação pública destinada a manter viva a ideologia oficial e promover a visão dos dirigentes sobre os mais variados temas. Mas a propaganda oficial de Teerã evita o modelo de culto à personalidade de ditaduras como a Coreia do Norte ou a Síria de Bashar Al

Assad. Na República Islâmica, o sistema prevalece sobre os indivíduos. Isso talvez seja uma maneira de garantir a perenidade dos ideais revolucionários para além do vai e vem de líderes.

A peça central da máquina ideológica do regime é a Islamic Republic of Iran Broadcasting (IRIB), cujo diretor é escolhido a dedo pelo líder supremo em pessoa. A lei determina com clareza que a IRIB detenha o monopólio das emissoras de rádio e TV: "Todas as difusoras devem ser operadas pelo governo." Com uma constelação de canais e programas, a IRIB é multifacetada e, às vezes, surpreendentemente liberal. Veem-se desde superproduções hollywoodianas (dubladas e devidamente editadas para limar cenas de beijo ou corpos à mostra) até programas de auditório que têm homens e mulheres dividindo o palco e a plateia, além de reportagens sobre teatro e cinema. Séries e novelas internacionais, asiáticas de praxe, também são editadas. Esportes têm grande destaque na programação, inclusive a NBA, a liga americana de basquete. Há, ainda, abundância de programas religiosos, entre os quais um modelo semelhante ao *Fala que eu te escuto*, da Rede Record.

A propaganda ideológica propriamente dita é veiculada em duas frentes. Na grade de notícias, atividades do governo são divulgadas à exaustão, sempre sob aspecto positivo. Israel é chamado de "regime sionista" e posições iranianas, como o apoio ao governo sírio de Bashar Al Assad, são marteladas a cada boletim. O "programa nuclear pacífico" é retratado como "direito inalienável". A propaganda também se manifesta nos frequentes filmes e documentários sobre acontecimentos históricos. A Guerra Irã-Iraque é retrada com tanta frequência que existe um estúdio ao ar livre, perto de Teerã, dedicado a encenações do conflito.

O sistema IRIB tem um batalhão de funcionários e tradutores a serviço do World Service, braço externo da emissora que propaga a agenda ideológica do Irã no mundo inteiro. Há transmissões de rádio e TV em inglês, francês, árabe e até urdu e mandarim. A menina dos olhos da IRIB, no entanto, é a Press TV, emissora internacional de notícias em língua inglesa que pretende rivalizar com CNN e BBC. Criada em 2007, a Press TV tem recursos técnicos sofisticados, jornalistas anglófonos nativos e correspondentes em dezenas de países. Em 2011, o Irã fundou a Hispan TV, primeira emissora do Oriente Médio em língua espanhola. Muito associada ao governo Ahmadinejad, entusiasta da América Latina, a Hispan TV entrou em declínio com a chegada ao poder do presidente Rowhani, em 2013. Há quem garanta que o novo governo, pouco interessado em audiências hispanófonas, não faz questão de prover fundos à emissora.

Na mídia impressa, a influência direta do Estado é menor, já que muitos veículos, alguns importantes, são ligados a políticos e grupos fora da esfera oficial. Mas os

158 | Os iranianos

Acima, guarda do museu Sad Abad, no norte de Teerã, observa destroços de caça iraquiano derrubado durante a Guerra Irã-Iraque. Ao lado, mural mostra rostos de iranianos judeus e armênios supostamente mortos durante a mesma guerra. Regime cultiva por todos os meios a lembrança do conflito, conhecido como "guerra imposta", e do heroísmo dos mártires sacrificados.

jornais mais poderosos são o ultrarradical *Keyhan*, amplamente visto como porta-voz do líder supremo, e o *Iran*, geralmente alinhado à presidência, assim como a agência de notícias oficial IRNA. Outros centros de poder possuem seus próprios veículos de comunicação, como a agência Fars, ligada à Guarda Revolucionária, e a Mehr, vinculada a religiosos conservadores.

Há casos de coberturas conflitantes até mesmo dentro das organizações de mídia estatal. Durante o terremoto que devastou vários vilarejos no noroeste do país, em agosto de 2012, a IRIB minimizou a gravidade dos fatos, enquanto outros veículos traziam narrativa alarmista.

O Estado teocrático islâmico | 159

160 | Os iranianos

A propaganda vai além dos meios de comunicação. O Estado iraniano promove a cada ano conferências de todos os tipos para servir de plataforma à sua agenda ideológica. Convidados do mundo inteiro viajam a Teerã com todas as despesas pagas. Além dos já mencionados encontros com rabinos ultraortodoxos anti-Israel, o governo iraniano também já organizou conferências sobre o "hollywoodismo", nome dado ao que Teerã enxerga como ideologia política imperialista embutida na indústria de cinema americana. São frequentes os simpósios para discutir revoltas árabes ou finanças islâmicas. Sempre sob a perspectiva do Irã, evidentemente.

A cada ano, jornalistas estrangeiros são convidados a uma cerimônia no mar que marca o aniversário do disparo do míssil americano que derrubou um Airbus da Iran Air em 1988, matando 290 pessoas.

Nas grandes cidades iranianas, outdoors e murais exibem rostos graves dos mártires do conflito contra o Iraque. Também há, por toda parte, inscrições em inglês com mensagens antiamericanas, entre elas a famosa *"Down with USA"*, que na verdade significa "Morte aos EUA" na versão original em farsi (Marg bar amriká). Nas escolas, crianças decoram desde cedo a narrativa da revolução e da "resistência" aos inimigos.

Propaganda também acontece quando as viúvas dos cientistas nucleares assassinados, presumivelmente por Israel, aparecem em eventos oficiais para repetir à exaustão o relato detalhado do dia que devastou suas vidas. Ou quando o governo distribui gratuitamente livros sobre os ensinamentos de Khomeini, muitas vezes com versão em inglês. Um dos maiores símbolos da propaganda oficial iraniana talvez seja a conservação da embaixada dos EUA no centro de Irã, em condições quase idênticas às da tomada de reféns de 1979. A águia do brasão americano continua cravada no portão do prédio, que hoje abriga um Museu de Espionagem, aberto apenas em ocasiões especiais.

PROJEÇÃO INTERNACIONAL DE PODER

Enraizados numa posição geográfica ímpar, ponto de encontro de civilizações e palco de disputas estratégicas, iranianos acostumaram-se a ver seu destino atrelado ao de outros povos. Subjugaram com astúcia e foram dominados de forma humilhante, numa dinâmica que lhes talhou arguto senso de contato com o mundo externo. O Irã sempre constituiu peça-chave do grande tabuleiro geopolítico.

UM LUGAR ENTRE OS GRANDES

Desde a Antiguidade, iranianos buscam estender sua área de poder e influência. Ora pela força das armas, ora por meio de parcerias econômicas ou ideológicas. Sempre movidos pela convicção de sua suposta superioridade moral, matriz de toda aspiração hegemônica.

Os aquemênidas formaram um dos maiores impérios que o mundo já viu. Grandes reis persas, como Ciro e Dario, respeitavam as tradições e a fé dos povos subjugados, mas preferiam quem se convertesse ao zoroastrismo. Rastros de influência zoroastra matizam até hoje a cultura e o idioma swahili, comuns a vários povos do sudeste africano. Dinastias pós-aquemênidas, partas e sassânidas, teceram sofisticados laços diplomáticos com líderes vizinhos, chineses principalmente. Embaixadores e políticos trocavam visitas, e artistas eram usados para propalar vínculos culturais. A política externa em direção ao leste consolidou-se, a partir dos últimos dois séculos antes de Cristo, graças à rota da seda, pela qual circularam mercadorias e ideias entre Ocidente e Extremo Oriente. Paralelamente à agenda comercial que os enriqueceu, sassânidas copiaram os aquemênidas e disseminaram a religião zoroastra por todos os cantos do Império.

Sob domínio árabe-islâmico, iranianos perderam as rédeas de seu destino. Elas foram recuperadas na gloriosa teocracia safávida, no século XVI, que selou as bases do que acabaria se tornando o Estado iraniano moderno. No livro *Iran and the World*

162 | Os iranianos

in the Safavid Age, o autor holandês Willem Floor desmonta a tese de que o xiismo levou os iranianos ao autoisolamento e narra agitadas interações comerciais, culturais e políticas dos sáfavidas com outros governos, do Japão à Escandinávia.

No século XIX, a Pérsia da era Qajar fracassou no ataque à Rússia. O xá Fatah Ali aceitou, então, a mão estendida por Napoleão Bonaparte, que buscava aliar-se aos iranianos para abrir caminhos do seu império rumo à Índia. A parceria com os franceses durou pouco, e os sucessores do xá curvaram-se não somente aos britânicos, mas também aos russos.

Ao estourar a Primeira Guerra Mundial (1914-1918), a dinastia Qajar tentou manter-se neutra devido à preocupação com a supremacia do vizinho Império Otomano e a agitação doméstica. Apesar do esforço dos Qajar para mantê-lo a distância, o conflito chegou à Pérsia. O país foi transformado em campo de batalha entre potências beligerantes, precipitando a queda da casa real, que acabou substituída por nova ditadura, sob comando do general Reza Khan, futuro xá Reza Pahlavi.

Reza Pahlavi também tentou manter equidistância em relação aos polos de poder mundiais, inclusive a Alemanha nazista, com quem cultivou estreitos laços econômicos. A intenção era preservar a soberania do Irã, embora dependesse da expertise técnica ocidental na exploração dos recursos petroleiros. Na mais pura tradição megalômana persa, Reza Pahlavi queria uma nação forte e soberana. Nessa conta entrava um quê de inveja em relação à modernidade galopante da vizinha Turquia kemalista. Boa parte da política externa de Reza Pahlavi consistia em jogar Grã-Bretanha e União Soviética uma contra a outra. Essa estratégia ruiu na Segunda Guerra Mundial, quando britânicos e soviéticos se uniram contra o xá para evitar que o regime de Adolf Hitler se beneficiasse da empatia com o Irã, que acabou ocupado pelos Aliados. Assim como a Primeira Guerra Mundial custou o trono à dinastia Qajar, a Segunda Guerra Mundial selou o fim do governo de Reza Pahlavi. Por suas tentativas de resistir ao domínio externo, Reza Pahlavi é mencionado até na narrativa oficial com mais respeito e reverência que seu primogênito e sucessor, Mohammad Reza Pahlavi. É comum ouvir simpatizantes do regime islâmico argumentando que "Reza trabalhou pelo país, enquanto Mohammad Reza era um fantoche do Ocidente".

Mohammad Reza Pahlavi acreditava com fervor na ideia de que o lugar natural do Irã era entre as grandes nações desenvolvidas do Ocidente. Na Guerra Fria, o xá alinhou-se sem ambiguidade ao bloco capitalista ocidental. Esperava, em troca, ser reconhecido como peça indispensável da dinâmica pró-americana global. Foi por temor à influência da União Soviética que Mohammad Reza Pahlavi perseguiu comunistas e nacionalistas iranianos. Em 1953, aliados ocidentais garantiram a sobrevivência política do xá ao derrubar o então primeiro-ministro Mohammad Mossadegh, cuja força parlamentar havia levado ao esvaziamento do poder da monarquia. Mesmo assim, Mohammad Reza Pahlavi sempre manteve laços cordiais com o vizinho soviético.

A prioridade, contudo, era intensificar relações com americanos e britânicos. Sob o regime Pahlavi, o Irã tornou-se, em 1950, o segundo país de maioria islâmica a reconhecer Israel, após a Turquia. O diálogo entre iranianos e israelenses floresceu como parte da Aliança da Periferia, doutrina lançada pelo então primeiro-ministro David Ben Gurion para aproximar-se de países muçulmanos não árabes, com o intuito de fazer frente à hostilidade da Liga Árabe. Mohammad Reza Pahlavi também buscou relações cordiais com líderes árabes, principalmente Hassan II, do Marrocos, e Anuar Al Sadat, do Egito. Fiel à estratégia de manter a ordem dominante, o xá acudiu reis de Omã e do Iêmen às voltas com rebeliões. Mas o contato com os árabes também gerava atritos. O apoio do xá a Israel e sua consequente insensibilidade à causa palestina ia na contramão das opiniões públicas árabes. O diálogo com a arquirrival Arábia Saudita era cortês, mas prevalecia a desconfiança histórica. Foi ainda na era Pahlavi que se iniciou, no rastro do fim da colonização britânica, a disputa com os Emirados Árabes Unidos acerca de três ilhas do golfo Pérsico.

"MORTE AOS EUA": A DIPLOMACIA REVOLUCIONÁRIA

A Revolução de 1979 gerou um tsunami geopolítico que alterou profundamente os rumos do século XX. De repente, um dos países mais importantes no apoio à agenda dos Estados Unidos e aliados no Oriente Médio passava a ser governado por um líder messiânico de turbante e capa, que prometia acabar com a influência ocidental. "Nossa agenda é o islã", dizia o aiatolá Khomeini.

A embaixada americana em Teerã continuou funcionando por nove meses após a queda do xá, apesar de o grito de "Morte à América" ser abençoado pelo regime revolucionário. Relações bilaterais foram cortadas com a tomada dos 52 reféns por jovens pró-regime. Khomeini não só endossou o ataque como passou a considerar antirrevolucionário quem se opusesse a ele. O antiamericanismo tornou-se política oficial.

Na linguagem revolucionária, os Estados Unidos eram o "grande satã" e Israel, o "pequeno satã". A embaixada israelense foi fechada e entregue à Organização pela Libertação da Palestina (OLP), de Yasser Arafat, um dos primeiros líderes estrangeiros a visitar o Irã após a revolução.

164 | Os iranianos

O Irã de Khomeini, porém, deixou claro que o afastamento da órbita capitalista não implicaria um deslizamento rumo ao bloco soviético. Um dos principais gritos revolucionários era "Nem Oriente, nem Ocidente, República Islâmica!".

Uma das primeiras decisões diplomáticas do governo revolucionário, em 1979, foi juntar-se ao Movimento de Países Não Alinhados, foro criado por líderes nacionalistas do mundo em desenvolvimento, como o iugoslavo Tito e o egípcio Gamal Abdel Nasser, que se diziam independentes tanto do bloco capitalista como do comunista. Após a queda do Muro de Berlim, em 1989, o Movimento de Países Não Alinhados perdeu relevância, mas alguns chefes de Estado, como o venezuelano Hugo Chávez, ajudaram a manter o fôlego do grupo em nome da luta anti-imperialista. Em 2012, Teerã recebeu a cúpula dos Não Alinhados, na qual assumiu a liderança do foro pelos três anos seguintes. Foi o maior comparecimento de delegações estrangeiras ao Irã desde a instauração da teocracia.

Mas Khomeini tinha planos mais importantes do que a simples reorientação das alianças diplomáticas do Irã. A meta das metas em matéria de política externa, nas palavras do próprio aiatolá, era "exportar a revolução" até que se formasse um "Estado islâmico mundial", no qual deveria ecoar por toda parte o grito de "Não há Deus além de Alá".

Por mais que Khomeini tenha se apresentado ao mundo como líder de todos os muçulmanos, a prioridade era apoiar os xiitas e seu eterno complexo de injustiça.

A tentativa de exportar a revolução começou com apoio a organizações xiitas na vizinhança. No Iraque, o Irã aliou-se, ainda em 1979, ao partido Dawa, que fazia oposição a Saddam Hussein. O respaldo a ativistas xiitas iraquianos foi um dos motivos que levaram o ditador de Bagdá a atacar o Irã. A guerra isolou e empobreceu o regime de Khomeini, mas o pragmatismo levou os iranianos a abastecerem-se em armas junto a Israel, com quem compartilhavam a ojeriza ao nacionalismo árabe fanático de Saddam. No livro *Treacherous Alliance: The Secret Dealings of Israel, Iran, and the United States*, o autor iraniano-americano Trita Parsi lembra que Israel foi um dos únicos países a apoiar o Irã na guerra contra o Iraque. Outro aliado de Teerã foi o ditador sírio Hafez Al Assad, adepto de uma virulenta ideologia antiamericana. Embora fosse um militar sem qualquer inclinação religiosa, Assad era membro da seita alauíta, ramo místico derivado do islã xiita, o que ajudou a consolidar laços com o Irã. Desde então, a Síria é o mais fiel parceiro do Irã no Oriente Médio.

O proselitismo regional iraniano nos anos 1980 também estendeu seus tentáculos em direção a movimentos xiitas na Arábia Saudita e no Bahrein. Mas o maior investimento externo iraniano ocorreu no Líbano, país pequeno onde a minoria xiita

Projeção internacional de poder | 165

Pintura no muro da antiga embaixada americana em Teerã, palco do sequestro de reféns que selou a ruptura entre EUA e Irã. O local hoje abriga instalações da milícia pró-regime basij.

abraçou com entusiasmo a causa revolucionária de Khomeini. Após a invasão do território libanês por Israel em 1982, uma rede de milícias xiitas se uniu para centralizar a captação das armas e dos recursos vindos de Teerã. Essa aglomeração de facções foi o ato fundador do Hezbollah (partido de Deus, em árabe), que se transformou ao longo dos anos numa das organizações paramilitares mais poderosas do mundo. Além de grupo armado, o Hezbollah atua como organização de assistência social e como partido relevante na arena política. A aliança com os combatentes libaneses, treinados e armados pela Guarda Revolucionária iraniana, permitiu estender o alcance da República Islâmica até o Mediterrâneo. Graças ao Hezbollah, o Irã chegou à fronteira de Israel.

O poder letal do Hezbollah veio à tona em 1983. Naquele ano, o "partido de Deus" delegou a um grupelho xiita chamado Jihad Islâmica a execução de um

166 | Os iranianos

dos maiores atentados registrados até então contra ocidentais. Dois caminhões abarrotados de explosivos foram jogados contra um contingente de manutenção de paz da ONU em Beirute, dizimando mais de 300 soldados, a maioria americanos e franceses. Foi um dos primeiros ataques suicidas da Era Moderna. Desde então, o disciplinado e bem equipado Hezbollah é considerado um dos mais temidos adversários do mundo ocidental e israelense na região.

O êxito militar do Hezbollah inspirou a criação de uma nova organização paramilitar islamita destinada a combater Israel: o Hamas, surgido em 1987 nos territórios palestinos. Ao contrário do grupo libanês, xiita, o Hamas surgiu com ideologia baseada numa interpretação ultraconservadora do islã sunita. Isso não impediu o Irã de abraçar rapidamente a nova facção palestina para enfraquecer a secular OLP, vista como frouxa demais na resistência à ocupação israelense. Nesse período consolidou-se uma aliança entre Irã, Síria, Hezbollah e Hamas, que ficaria conhecida, anos depois, como "eixo de resistência". O pacto consistia em unir forças para se contrapor ao Ocidente e a Israel.

A obsessão em exportar a revolução refluiu com o fim da guerra ao Iraque e a morte de Khomeini, no final dos anos 1980. Sob a presidência do pragmático Ali Akbar Hashemi Rafsanjani (1989-1997) e do reformista Mohammad Khatami (1997-2005), o Irã passou a trilhar caminhos menos conflituosos. Relações com a Europa floresceram, especialmente com França, Alemanha, Áustria e Itália, que ajudaram Teerã a modernizar seu aparato econômico e produtivo. Khatami foi recebido com tapete vermelho pelo presidente Jacques Chirac no Palácio do Eliseu, em 1999.

Mas a década de 1990 foi manchada por acusações de envolvimento iraniano nos dois atentados contra alvos judaicos em Buenos Aires, em 1992 e 1994, que deixaram mais de 100 mortos. Israel diz não ter dúvidas de que Teerã está por trás dos banhos de sangue. O Irã rejeita categoricamente as alegações e argumenta que anos de investigação não foram capazes de gerar uma única prova cabal sobre a suposta participação iraniana.

Na virada do milênio, a República Islâmica se mostrava confiante de sua reinserção no cenário internacional. O então presidente Khatami corria os foros multilaterais para tentar emplacar seu projeto de "Diálogo entre Civilizações". A ideia era aproximar pensadores islâmicos, judeus e cristãos. O plano foi aniquilado pela fúria bélica americana deflagrada após os ataques de 11 de setembro de 2001.

O Irã condenou a matança e expressou solidariedade aos americanos. Teerã também forneceu importante ajuda de inteligência às tropas da OTAN, que atacaram as bases da Al-Qaeda no Afeganistão em represália aos atentados. Mas os acenos iranianos foram ignorados por George W. Bush. Em seu histórico discurso do Estado da União de 2002, o presidente decretou que o Irã era parte de um "eixo do mal", ao lado de Iraque e Coreia do Norte. A fala equivalia a uma pré-declaração de guerra.

A ironia do destino é que as ofensivas militares de Bush terminaram por livrar o Irã dos dois inimigos que o cercavam: o iraquiano Saddam Hussein, a leste, e o regime afegão Talebã, a oeste.

As revoltas árabes, em 2011, trouxeram novos desafios ao Irã. De início, a insurgência popular contra ditaduras na vizinhança foi vista em Teerã como maneira de ressuscitar o sonho de exportar a Revolução Islâmica. Na imprensa estatal iraniana, os levantes eram retratados como "despertar islâmico". A tese reforçou-se com a chegada ao poder de ex-dissidentes islamitas no Egito, na Tunísia e na Líbia. Mas a narrativa foi abandonada por causa da guerra síria, na qual os rebeldes islamitas não eram mais os bonzinhos, mas os vilões. Afinal, eram combatentes sunitas os que buscaram varrer do poder o principal aliado de Teerã na região, o sírio Bashar Al Assad. O Irã jogou todo seu peso em favor do governo sírio, despachando para Damasco dinheiro, armas e instrutores da Guarda Revolucionária. Aos olhos de Teerã, perder Assad seria um desastre estratégico.

Multidão reunida na praça Azadi, a sudoeste de Teerã, ostenta cartazes anti-EUA durante comemoração do aniversário da Revolução de 1979. O evento é o ponto culminante do calendário ideológico do regime, que produz e distribui aos simpatizantes cartazes com mensagens políticas.

Samy Adghirni

168 | Os iranianos

A guerra síria estremeceu as bases do "eixo de resistência" anti-Ocidente. Enquanto os xiitas Irã e Hezbollah cerraram fileiras em torno do governo, o Hamas, sunita, preferiu abandonar seu escritório em Damasco para alinhar-se aos rebeldes sírios, igualmente sunitas. Mas o grupo palestino ficou rapidamente sem dinheiro e, incapaz de encontrar fonte alternativa de recursos, reaproximou-se de Teerã ao fim de 2013.

A política externa iraniana pós-Khomeini pode ser resumida em torno das seguintes prioridades: sobrevivência do regime; defesa de apostas estratégicas, incluindo o programa nuclear; promoção do xiismo no mundo inteiro; fortalecimento do "eixo de resistência", ao lado de Síria e Hezbollah, ao mundo ocidental no Oriente Médio; busca de reconhecimento pelo protagonismo regional; integridade territorial; e proteção dos recursos naturais.

PROBLEMAS COM OS VIZINHOS

Cravado no meio da região mais conturbada do mundo, o Irã não escaparia de ter relações conflituosas com seus vizinhos. Os iranianos vivem cercados por países com quem têm pouco em comum, o que acirra ainda mais a dificuldade de apaziguar tensões em momentos de crise.

A maior parte dos atritos surge do contato com os árabes, rivais históricos dos persas. Antes mesmo da imposição do islã, no século VIII, os dois povos viviam se estranhando. O convívio forçado decorrente da ocupação árabe na Pérsia lançou as bases do choque cultural que resiste até hoje. Há quem diga que o próprio xiismo não passa de uma criação persa em resposta ao jugo dos califas árabes umíadas.

Para além das rixas teológicas e culturais, persas e árabes também travaram ao longo da história uma importante disputa econômica, que culminou com a descoberta de petróleo no território no início do século XX. Ao firmar-se como Estado, graças ao apoio britânico, em 1932, a Arábia Saudita se tornou rapidamente o maior concorrente regional do Irã imperial. Em jogo estavam a supremacia petroleira e, à época, a preferência dos ocidentais. Os dois países sempre seguiram direções opostas.

Embora estrategicamente atrelados às potências ocidentais, sauditas preservaram a sua versão do islã, chamada wahabismo. Trata-se de uma corrente ultrapuritana e conservadora, que acabaria inspirando, no final do século XX, a criação da Al-Qaeda, por iniciativa do saudita Osama bin Laden. Os reis de Riad rejeitaram com vigor a criação do Estado de Israel, em 1947, e desconfiavam da Turquia secular, que substituiu o islâmico Império Otomano.

Na direção oposta, a dinastia Pahlavi sonhava em transformar o Irã numa potência secular e ocidentalizada. Como já mencionado, Teerã foi um dos primeiros governos de país muçulmano a reconhecer Israel. Eram outros tempos...

Um curioso incidente na relação entre as duas monarquias daquela época foi relatado ao *New York Times*, em 2001, pelo então embaixador saudita em Washington, príncipe Bandar bin Sultan. O xá Mohammad Reza Pahlavi mandou uma carta ao rei Faissal no final dos anos 1960, exortando o colega a implantar reformas. "Por favor, meu irmão, modernize-se. Abra seu país. Faça escolas onde haja meninas e meninos. Deixe as mulheres usarem minissaias. Tenha discotecas. Seja moderno. Caso contrário, não posso garantir que você permanecerá no trono", teria escrito o xá. Ainda segundo relato do príncipe Bin Sultan, o rei saudita respondeu o seguinte: "Majestade, aprecio seu conselho. Permita-me lembrá-lo de que você não é o xá da França. Você não está no Eliseu. Você está no Irã. Sua população é 90% muçulmana. Por favor, não se esqueça disso". Uma década depois, o xá acabaria derrubado pela Revolução Islâmica.

Ao invés de melhorarem, as relações bilaterais passaram à hostilidade aberta com a ascensão da teocracia xiita em Teerã. Khomeini se opunha não somente ao xá, mas a toda forma de monarquia. Para o aiatolá, o regime saudita era uma aberração. Para os sauditas, aberração era Khomeini, com sua obsessão em exportar a revolução e fortalecer o xiismo. As relações azedaram de vez quando os sauditas apoiaram abertamente o Iraque na guerra contra o Irã, nos anos 1980.

Iranianos e sauditas continuam se detestando com cordialidade. Tudo os separa: religião, estilo de governo, relação com o Ocidente e gestão do dossiê petroleiro. Em Teerã, a casa real de Riad é vista como um regime retrógrado que financia o terrorismo islâmico. Para os sauditas, os iranianos são místicos hereges que só pensam em desestabilizar o Oriente Médio. Em 2010, o Wikileaks divulgou correspondência secreta na qual o rei Abdullah cobrava dos Estados Unidos um ataque ao Irã para "cortar a cabeça da serpente". A guerra síria elevou ainda mais a tensão. Sauditas jogaram todo seu peso em favor dos grupos rebeldes mais extremistas, enquanto os iranianos apoiaram o regime.

Por ironia do destino, a Arábia Saudita tornou-se o país mais sintonizado com Israel na articulação que pressiona o Ocidente a não assinar um acordo nuclear com a República Islâmica. É consenso entre analistas e diplomatas que a resistência dos sauditas a um acordo atômico esconde o temor de o Irã tomar seu lugar como principal parceiro estratégico do Ocidente entre países islâmicos no Oriente Médio.

O Irã também tem atritos com outros vizinhos árabes, a começar por Bahrein, uma minúscula península que era território iraniano até o final do século XIX. Teerã

170 | Os iranianos

apoia os xiitas bahreinitas, que formam a maioria da população, mas são dominados por uma ditadura sunita. Salvo momentos pontuais de abertura, a regra na relação bilateral é o estranhamento.

As relações são mais complexas com os sunitas Emirados Árabes Unidos, que têm pavor da hegemonia do Irã e travam com o incômodo vizinho persa uma disputa pelo controle de três ilhotas no meio do golfo Pérsico. Aliás, a disputa também se dá pelo nome das águas verdejantes que separam os dois países. Para os Emirados, trata-se do golfo Árabe, não persa. Numa clara provocação, a federação de futebol batizou seu campeonato profissional de "Liga do golfo Árabe", em 2013. A federação do Irã ficou tão furiosa que proibiu jogadores iranianos de atuar no país vizinho. Apesar dos atritos, os Emirados Árabes Unidos veem-se obrigados a compactuar com a República Islâmica devido à enorme influência dos iranianos, que usam Dubai como importante plataforma comercial e financeira.

Laços com o Qatar são de natureza semelhante. A princípio, o pequeno e riquíssimo emirado é um bastião sunita ultraconservador que aposta na relação com os Estados Unidos para garantir sua sobrevivência. Mas os qatarianos mantêm, desde os anos 1990, relações cordiais com os iranianos. Primeiro, porque Doha se diferencia das demais monarquias árabes graças a sua política externa abrangente e pragmática. O Qatar é um dos raros países que conseguem o respeito tanto de Israel quanto do Hamas. Segundo, porque os qatarianos operam em parceria com os iranianos o maior campo de gás natural do mundo. A guerra síria, contudo, azedou a relação, já que o Qatar foi um dos primeiros apoiadores do levante anti-Assad.

Entre os vizinhos árabes, as relações mais calorosas e estáveis se dão com o pacato sultanato de Omã, onde impera o islá da escola ibadi, nem xiita, nem sunita. Omã tem laços econômicos modestos com o Irã, mas cultiva uma política de boa vizinhança que cativou a confiança da República Islâmica. O sultanato já articulou várias mediações secretas entre iranianos e americanos.

A queda do presidente sunita Saddam Hussein, em 2003, permitiu a ascensão de um governo iraquiano xiita, mais sintonizado com o Irã. O novo Estado iraquiano, independentemente de seu ocupante, necessita preservar bons contatos com Teerã para evitar uma animosidade que pode sair cara. Afinal, o Irã tem influência sobre milícias xiitas com forte capacidade de mobilização, como o Exército Mahdi, constante dor de cabeça para o poder central de Bagdá.

Fora da órbita árabe, as relações também são marcadas pela desconfiança. A Turquia, remanescente do Império Otomano e hoje membro da OTAN, é um constante rival geopolítico do Irã, como ficou demonstrado na guerra síria. Mas os laços econômicos bilaterais beiram a interdependência – turcos necessitam do gás iraniano; iranianos necessitam importar dos turcos todo tipo de produtos.

Na fronteira norte, a diplomacia iraniana atua com tranquilidade, com exceção do Azerbaijão, que preocupa o Irã por ter estreita cooperação militar e de inteligência com Israel.

A oeste, há dois eternos focos de instabilidade: Afeganistão e Paquistão. Com os afegãos, o Irã construiu uma relação amigável desde a queda do Talebã, em 2001. Críticos dizem que Teerã manipula as forças políticas afegãs com o intuito de impedir tanto a volta do Talebã como um excessivo poderio americano. Já os paquistaneses representam um incômodo e poderoso vizinho, dotado da bomba atômica e suspeito de fomentar insurgência sunita no Irã.

CONTRA O ISOLAMENTO, NOVAS ALIANÇAS

As relações entre o Irã e o Ocidente sofreram duros golpes no início dos anos 2000, como o discurso de Bush sobre "eixo do mal" e a revelação de uma faceta oculta do programa nuclear iraniano.

A situação deteriorou-se com a chegada ao poder de Ahmadinejad, em 2005. Em seus primeiros meses no cargo, o presidente populista atraiu a indignação internacional ao questionar o Holocausto e defender o desaparecimento de Israel. Ahmadinejad também resgatou a ultrapassada retórica incendiária anti-imperialista, numa orientação contrária brutal em relação ao discurso polido e conciliador de seu antecessor, Mohammad Khatami. A hostilidade mútua contaminou negociações nucleares, deixando-as cada vez mais tensas e difíceis. Em 2006, a ONU adotou as primeiras sanções multilaterais contra o Irã. A União Europeia também impôs punições, que restringiram drasticamente o alcance internacional de Teerã.

Marginalizado, o Irã de Ahmadinejad buscou então expandir os contatos com países emergentes e em desenvolvimento. O objetivo era costurar uma base de apoio nos foros multilaterais (um país, um voto) e diversificar a rede de parceiros econômicos.

A iniciativa começou priorizando os vizinhos. Relações com a Síria de Bashar Al Assad foram revigoradas, culminando com a assinatura de um pacto de defesa comum, em 2006. O Irã ainda atraiu para sua órbita os governos do Iraque e do Afeganistão, instalados graças à intervenção americana.

Contatos com a Rússia também foram ampliados, inclusive na área nuclear. Os russos assinaram contrato com Teerã pelo qual se comprometiam a terminar a construção da central atômica de Bushehr, no litoral sul, que havia sido abandonada por engenheiros europeus.

172 | Os iranianos

No setor do petróleo, o vácuo deixado por empresas como Shell e Total foi preenchido por sul-coreanos e, principalmente, chineses. Aos olhos da China, o Irã é um parceiro econômico ideal. Fornece petróleo e gás baratos, necessários para sustentar o crescimento de Pequim, e ao mesmo tempo compra grandes quantidades de produtos chineses de todo tipo.

Ahmadinejad não se contentou com os países do continente asiático e, para surpresa de muita gente, mirou a África. O Sudão tornou-se um dos maiores aliados militares e estratégicos do Irã. A fabricante estatal de automóveis Iran Khodro estabeleceu uma fábrica de carros no Senegal. Os dois países receberam visita do presidente iraniano, que também passou por Zimbábue, Uganda, Mali, Comores, Gâmbia, Quênia, Níger, Benin, entre outros.

A América Latina, em pleno crescimento econômico e dominada por governos de esquerda, também entrou no radar iraniano. Em 2006, Ahmadinejad participou da cerimônia de posse do presidente Rafael Correa, no Equador. O Irã investiu bilhões em programas de infraestrutura na Bolívia, cujas reservas de urânio (material usado em centrais nucleares) muito interessavam a Teerã. Apesar do esforço, a República Islâmica nunca concretizou planos de explorar em larga escala o urânio boliviano.

O maior e mais entusiasta aliado do Irã na região era o venezuelano Hugo Chávez, cujo país recebeu investimentos diversos, incluindo uma fábrica de bicicletas. Uma rota de voo da Iran Air foi estabelecida em 2007 entre Teerã e Caracas, com escala em Damasco. Fracasso comercial, a linha foi fechada três anos depois. Também foram expandidos laços com Nicarágua, Cuba e Brasil. Em 2005, o Irã tinha cinco embaixadas na América Latina. Sete anos depois, o número havia dobrado.

Setores da mídia brasileira acusaram o Irã de plantar células terroristas e recrutar agentes na América Latina. Teerã diz que suas atividades fora das embaixadas consistem apenas em promover o islã.

OSCILANTE RELAÇÃO COM O BRASIL

Brasil e Irã estabeleceram relações diplomáticas em 1903, mas a interação bilateral só ganhou forma nos anos 1950, sob o governo de Juscelino Kubitschek, quando os dois países assinaram os primeiros acordos de cooperação cultural. Na década seguinte, o Irã foi um dos primeiros países a abrir uma embaixada em Brasília, enquanto muitos governos relutavam em transferir suas representações do Rio de Janeiro para a nova capital. Em 1961, a legação brasileira em Teerã foi alçada ao *status* de embaixada. Quatro anos depois, o xá Mohammad Reza Pahlavi, acompanhado de sua esposa, Farah Diba, protagonizou a primeira viagem de um chefe de Estado iraniano ao Brasil. A visita do casal imperial foi fartamente coberta pela mídia brasileira.

Brasília e Teerã afastaram-se após a revolução iraniana. O governo brasileiro, temendo propagação do islamismo messiânico khomeinista no Oriente Médio, manteve-se próximo da posição americana em relação a Khomeini. Na guerra Irã-Iraque, o Brasil declarou-se neutro, mas vendeu grandes quantidades de armas para o ditador Saddam Hussein, com quem cultivava estreita relação. O governo brasileiro, contudo, também despachou material bélico aos iranianos por meio de vendas, usando países e empresários indiretos, conforme revelado pela *Folha de S. Paulo* (4 mar. 2013). O sistema de venda triangular irritou Teerã, que esperava assinar com Brasília um pacto para trocar petróleo por armas. A frustração contribuiu para incluir o Brasil na lista de países que se alinharam a Saddam Hussein, segundo a narrativa histórica iraniana. "Muitos dos nossos jovens, em oito anos de guerra com o Iraque, morreram por armas vendidas pelo Brasil a Saddam Hussein", queixou-se, em entrevista ao site Inforel (jan. 2012), o então embaixador do Irã em Brasília, Mohsen Shaterzadeh.

Relações bilaterais foram revigoradas no governo de Fernando Collor, que, embora tenha priorizado laços com potências tradicionais, demonstrou arrojo na busca por novos parceiros econômicos. Em 1991, o então chanceler Francisco Rezek liderou uma comitiva de empresários em viagem oficial a Teerã. O *impeachment* contra Collor, no ano seguinte, interrompeu o que prometia ser intensa cooperação bilateral. Apesar do esfriamento geral que sucedeu a queda de Collor, o chanceler iraniano Ali Akbar Velayati, um dos mais próximos colaboradores do aiatolá Khamenei, visitou Brasília e São Paulo, em 1994.

Foi na década seguinte, durante o governo Lula (2002-2010), que Brasil e Irã viveram os melhores anos da relação bilateral. Em 2003, a Petrobras arrematou um contrato para prospecção no mar Cáspio. No mesmo ano, a Volkswagen Brasil instalou no Irã uma linha de montagem do modelo Gol. Em 2005, logo após a eleição de Ahmadinejad, o então embaixador iraniano em Brasília, Seyed Jafar Hashemi, disse ao jornal *Correio Braziliense* que o novo presidente gostaria de visitar o Brasil. No ano seguinte, Lula reeleito e Ahmadinejad se encontraram pela primeira vez, em Quito, no Equador, na posse do presidente Rafael Correa. A "química" foi imediata, segundo relato de quem acompanhou a conversa entre os dois presidentes. Para o iraniano, interessava o contato com uma potência regional respeitada e crível. Para Lula, o Irã representava, além de um grande mercado potencial para exportações brasileiras, um atalho para incluir o Brasil nos debates mais importantes da agenda geopolítica.

Relações políticas e econômicas deram um salto, mas levaram dois anos até se traduzir em visitas de alto nível. Em 2007, Ahmadinejad quis fazer escala em Brasília

174 | Os iranianos

após participar da Assembleia Geral da ONU, em Nova York, mas o Itamaraty alegou falta de espaço na agenda do Planalto. Por trás da dificuldade em concretizar um encontro com Lula estava a resistência de alguns setores do Itamaraty em receber um presidente que contestava o Holocausto e queria o fim de Israel.

A visita do iraniano passou a ser seriamente cogitada pelo Itamaraty em 2008, quando o então chanceler Celso Amorim viajou a Teerã. Agendada para maio de 2009, a ida de Ahmadinejad a Brasília foi cancelada no último instante devido a tensões pré-eleitorais no Irã. O cancelamento da visita prenunciou a crise que marcou a reeleição de Ahmadinejad, em meio a acusações de fraude em larga escala. A viagem do iraniano ao Brasil finalmente aconteceu em novembro de 2009. Ele foi recebido em Brasília com efusivo abraço de Lula, para ultraje de militantes judaicos, gays e baha'ís, que se manifestavam do lado de fora do Palácio do Itamaraty.

Lula devolveu a visita em maio de 2010. Contrariando todas as apostas, o presidente petista conseguiu arrancar do Irã a promessa de que Teerã, como gesto de boa vontade, despacharia para o exterior 1.200 kg de urânio levemente enriquecido. Em troca, os iranianos receberiam das potências um carregamento de combustível nuclear, necessário para alimentar o reator que Teerã usa para fabricar isótopos médicos. A medida, em tese, atenderia a exigência ocidental de impedir que o Irã usasse seu estoque de urânio para fabricar a bomba atômica. O compromisso iraniano, obtido com a ajuda da Turquia, correspondia exatamente ao que Barack Obama pedira a Lula quatro semanas antes da ida do petista ao Irã. Mas os Estados Unidos mudaram de ideia. Em vez de dar o prometido respaldo à iniciativa turco-brasileira, rejeitaram o acordo. Há quem diga que Obama nunca imaginou que Teerã aceitaria desfazer-se de seu estoque de urânio. Para coroar a humilhação brasileira, o governo americano articulou com os aliados uma nova rodada de sanções contra o Irã no Conselho de Segurança da ONU. O episódio azedou de vez as relações do governo Lula com as potências ocidentais. Fontes diplomáticas me garantiram que a França perdeu o contrato da venda de caças Rafale ao Brasil por causa da campanha do então presidente Nicolas Sarkozy contra a Declaração de Teerã, estabelecida entre Brasil, Irã e Turquia.

A relação Brasil-Irã arrefeceu tão logo Dilma Rousseff se instalou no Palácio do Planalto, em 2011. Nas primeiras semanas do novo governo, o Brasil apoiou o envio de uma missão da ONU ao Irã para investigar violações de direitos humanos, algo que Lula sempre havia rejeitado.

Em declarações à imprensa, o chanceler de Dilma, Antônio Patriota, destacou a necessidade de restaurar laços com Washington, desgastados pelo dossiê nuclear. O Irã ficou ofendidíssimo. "A presidente brasileira golpeou tudo que Lula havia feito. Ela destruiu anos de bom relacionamento. [...] Lula está fazendo muita falta", disse Ali Akbar Javanfekr, então porta-voz pessoal de Ahmadinejad e chefe da agência de notícias estatal IRNA, em entrevista à *Folha de S.Paulo* (23 jan. 2012). Na mesma época, carregamentos de carne brasileira foram barrados em portos iranianos sem justificativa, num gesto que foi visto por profissionais do setor como retaliação ao distanciamento imposto por Dilma. A corrente comercial, que havia saltado de US$ 500 milhões na era pré-Lula para mais de US$ 2,3 bilhões em 2011, despencou para US$ 1,6 bilhão em 2013.

A chegada ao poder de Hasan Rowhani ampliou o distanciamento. Rowhani priorizou a diplomacia com países vizinhos e lançou esforços para restaurar laços com potências ocidentais, relegando a segundo plano as relações com a América Latina, área geográfica associada à era Ahmadinejad.

O *SOFT POWER* IRANIANO

Na cidade de Herat, no extremo leste do Afeganistão, existem hospitais, mesquitas, escolas e até uma fundação de caridade financiados pelo Irã. Cada um desses prédios tem uma bandeirinha iraniana cravada na porta. A estrada que liga Herat à fronteira do Irã foi inteiramente bancada por Teerã, que também fornece ajuda financeira a dezenas de jornais, revistas, rádios e TVs afegãs. Esse investimento é parte do constante esforço do governo iraniano para usar seus petrodólares com fins de relações públicas. Seguindo os passos de potências como Estados Unidos e França, o Irã tenta expandir sua área de influência internacional usando outros meios que não a força. É o chamado *soft power*, método pelo qual um país coopta aliados por meio da empatia e da persuasão.

O *soft power* iraniano é ambicioso e abrangente. Sua manifestação mais visível é o apoio financeiro e político a xiitas no mundo inteiro, desde insurgentes em Bahrein até a minoria hazara no Afeganistão, passando por mesquitas de Londres. A comunidade xiita no Brasil, concentrada principalmente em São Paulo e Foz do Iguaçu, também recebe ajuda (fundos, envio de livros e DVDs em português, visitas de clérigos), que é coordenada pela embaixada do Irã em Brasília.

No esforço para cooptar simpatizantes, o Irã construiu no santuário de Qom, no sul de Teerã, a Universidade Internacional Al Mustafá, escola de teologia xiita voltada para estrangeiros. As aulas são gratuitas, e os alunos recebem ajuda de custo para manter-se no Irã. A universidade tem estudantes canadenses, alemães, turcos, colombianos, hondurenhos etc. Em 2013, o paulistano Rodrigo Jalloul,

176 | Os iranianos

de 27 anos, tornou-se o primeiro mulá brasileiro, depois de receber o título de hojatoleslam, que garante o direito de usar capa e turbante. A universidade tem outros estudantes brasileiros que tentam fazer carreira como clérigos xiitas.

O *soft power* iraniano vai muito além da pregação religiosa. Vários manuais escolares usados no Tajiquistão são impressos no Irã. Teerá construiu uma série de obras de infraestrutura que ajudaram o Iraque a se reerguer após a guerra. Com sua respeitada expertise em terremotos e enchentes, o braço iraniano do Crescente Vermelho, estreitamente ligado ao governo, despachou equipes até Somália, Líbia e Haiti para acudir populações em apuros.

Embaixadas iranianas pelo mundo dispõem de verba para convidar jornalistas estrangeiros a visitar a República Islâmica com todas as despesas pagas.

O *soft power* iraniano também inclui a organização de competições esportivas e eventos culturais, como o Festival Fajr de Cinema, além das já mencionadas emissoras de rádio e TV em vários idiomas.

A vertente mais controversa do *soft power* iraniano é a questão dos refugiados afegãos e iraquianos que vivem no Irã. Ao fim de 2013, o país abrigava mais de um milhão de cidadãos fugidos dos conflitos nos países vizinhos, segundo o Alto Comissariado das Nações Unidas para Refugiados (Acnur), que elogia Teerá por lhes fornecer vida digna. Os refugiados recebem das autoridades iranianas assistência médica e sanitária, além de educação. Mas críticos acusam Teerá de manipular essas populações estrangeiras, principalmente os afegãos, com objetivos políticos. Segundo os céticos, o Irã usa os refugiados como instrumento para pressionar o Afeganistão a resistir às decisões e recomendações americanas. Caso Cabul adote políticas que contrariem o Irã em matéria militar, por exemplo, autoridades iranianas ameaçam deportar os refugiados de volta ao Afeganistão, o que poderia ter graves consequências sociais e econômicas.

Apesar do esforço e investimento, muita gente minimiza o *soft power* iraniano. Prova disso seria o irrisório capital de simpatia ao Irã. "Que *soft power*? Ninguém admira nem inveja os iranianos. Eles vivem sob um regime repressor e antipático. São ufanistas e se acham o centro do mundo. Além disso, falam um idioma que ninguém entende. *Soft power* tem o Egito, que é muito popular na região graças à profusão de novelas, cantores e jogadores de futebol", me disse um diplomata.

Fachada de escola islâmica
financiada pelo Irã em Herat,
no Afeganistão.

Projeção internacional de poder | 177

MULHERES E MINORIAS

Como quase tudo no Irã, a situação das minorias é ambígua e cheia de nuances. Mulheres andam na parte de trás dos ônibus, mas comandam tribunais para aplicar a lei islâmica em questões familiares. Judeus têm dezenas de sinagogas à disposição, mas sunitas são proibidos de construir mesquitas. Ateus oficialmente não existem, já que todo cidadão é obrigado a se declarar membro de uma religião monoteísta. Valem todas as fés monoteístas, menos o baha'ísmo, cujos adeptos são perseguidos. Homossexualidade é passível de pena de morte, mas o Estado aprova e financia operações para troca de sexo.

FORÇA E RESISTÊNCIA FEMININA

A situação das mulheres no Irã é muito mais complexa do que se imagina no Ocidente. Por trás das restrições impostas pelo aparato jurídico pós-revolução, existem um protagonismo e um processo de emancipação que destoam da maior parte dos países do Oriente Médio.

Iraniana a bordo de ônibus de transporte urbano sorri para a câmera em Teerã.

Ao contrário das qatarianas ou sauditas, as iranianas são "seres visíveis". O tipo de véus que usam, salvo raras exceções, sempre deixa o rosto à mostra. Elas consideram insulto à dignidade o uso da burca e do niqab, muito comuns no golfo Pérsico, que cobrem o rosto e tornam mulheres praticamente irreconhecíveis. Iranianas atuam e trabalham em todas as áreas. Votam e são eleitas. Dirigem livremente, pilotam aviões comerciais, elegem-se ao Parlamento e brilham em competições esportivas nacionais e internacionais. Em cargos de chefia, destacam-se comandando ministérios, tribunais, empresas e organizações da sociedade civil. À frente da Bazar Negaar, maior empresa de marketing do Irã, encontra-se Parissa Prouchani. Com apenas 18 anos de idade, Samira Makhmalbaf filmou *The Apple* (1998) e tornou-se ícone entre diretores de cinema nacionais. Duas das mais concorridas galerias de arte de Teerã são comandadas por mulheres: Afarin Neyssari e Shahnaz Khonsari. Uma das artistas de Teerã mais prestigiadas no exterior é a fotógrafa Newsha Tavakolian. Nas universidades, há mais alunas do que alunos. Nas entrevistas coletivas é flagrante a maior quantidade de repórteres mulheres. São elas, como pude comprovar reiteradas vezes, que costumam interpelar membros do governo com as perguntas mais incômodas. Em lojas, hotéis, cafés e restaurantes das grandes cidades, o atendimento das moças é quase sempre mais eficiente que o dos rapazes. Mulheres namoram, têm relações sexuais antes do casamento e dispõem da possibilidade legal de pedir divórcio, embora tudo isso seja malvisto nos meios conservadores. O Estado permite e incentiva a contracepção e autoriza pacientes femininas a serem atendidas por médicos homens, e vice-versa. Quase 90% das mulheres adultas são alfabetizadas. O mais simbólico, talvez, seja o fato de ser considerado perfeitamente normal no Irã uma mulher dirigir a palavra a um homem desconhecido. Nas cidades, turistas podem, quase

Apu Gomes

Parissa Prouchani, fundadora e presidente da principal empresa de marketing em Teerã. Mulheres iranianas se destacam em várias áreas da sociedade, mas ainda são discriminadas pela lei.

Mulheres e minorias | 181

Após a Revolução Islâmica, o transporte urbano no Irã foi dividido em áreas separadas para homens e mulheres. Nos ônibus, elas costumam ficar na parte traseira. Alguns pontos têm até entrada separada. O metrô tem vagões de uso exclusivo feminino.

182 | Os iranianos

sempre, fotografar mulheres sem que isso seja visto como atentado. Enquanto isso, residências no Qatar possuem sala de convidados proibida às mulheres. Na Arábia Saudita e no Afeganistão, muitos homens consideram que a esposa, filha ou irmã sair de casa sozinhas fere a honra da família.

O cenário é amplamente menos reluzente na esfera legal. No tribunal, o depoimento feminino vale metade do masculino. Quando a família de um assassino é legalmente compelida a indenizar parentes da vítima, o "preço do sangue" cobrado também é metade do valor se a pessoa morta for mulher. Somente o adultério feminino é passível de execução. A morte por apedrejamento, em tese abolida, visa principalmente às mulheres. A idade legal para casamento é de 13 anos para as meninas e 15 para os meninos. Iranianas podem viajar sozinhas ao exterior sem empecilho, mas precisam de permissão do marido ou responsável para obter passaporte. Elas não têm acesso a posições religiosas e tampouco podem aspirar aos mais altos cargos eletivos do regime (presidência, conselhos, assembleias consultivas etc.). No transporte público segregado, mulheres sentam-se na parte traseira.

Por lei, a mulher deve cobrir o corpo com casaco para não deixar formas à mostra. O Irã é o único país do mundo onde as mulheres são obrigadas por lei a esconder o cabelo. Somente mãos e rosto podem ser exibidos em público. Sem maquiagem nem unhas pintadas. Quem não cumprir as regras se expõe à ação da polícia moral. Num dos aspectos mais chocantes do Irã para padrões ocidentais, agentes femininas cobertas com chador preto intimidam, interpelam e prendem qualquer moça que julguem não estar apropriadamente vestida. Jovens, por usarem maquiagem e véus mais brandos, são alvo preferencial das investidas, que terminam na delegacia, onde, segundo relatos, se expõem ocasionalmente a abuso de policiais. Interpelações das agentes femininas da polícia moral são supervisionadas por homens uniformizados carregando armas para impedir eventuais tentativas de transeuntes de libertar as presas. Operações da polícia moral, porém, estão ocorrendo com frequência cada vez menor nas grandes cidades.

A pressão contra a mulher, carregada do ranço dos islamitas mais conservadores, se manifesta de várias outras maneiras. O sigheh é uma espécie de casamento temporário que permite aos homens ter relação sexual religiosamente lícita com parceiras ocasionais. Um homem pode acumular sighehs, enquanto a mulher fica atrelada a apenas um contrato. A prática acoberta a prostituição nos meios populares.

Em 2012, a Federação Iraniana de Natação recusou-se a registrar o recorde nacional de Elham Asghari no percurso de 20 km – mesmo ela tendo nadado com o corpo coberto. Autoridades alegaram que seu corpo ficou exposto na chegada. "O governo tem medo de que, se reconhecer meu recorde, estará aceitando o traje que eu uso para nadar, e isso incentivaria outras mulheres a fazer como eu", disse a nadadora ao jornal *The Guardian* (5 jul. 2013).

Em 2008, autoridades baniram a revista *Zanan*, única publicação feminina do país, sob pretexto de que representava "ameaça à segurança psicológica da sociedade".

Em 2014, o líder supremo, aiatolá Ali Khamenei, deixou clara sua posição em relação à mulher: "Um dos maiores erros do Ocidente em relação às mulheres é a igualdade de gênero. [...] por que um emprego masculino deveria ser dado a uma mulher? Que orgulho uma mulher pode ter ao exercer um emprego masculino? [...] O islã não faz distinção entre gêneros, mas [...] mulheres dentro de casa trazem paz. Paz para o homem, paz para as crianças. Se uma mulher não tem paz mental e espiritual, ela não pode dar paz à família. Uma mulher que é humilhada, xingada, pressionada pelo trabalho, não pode ser uma boa dona de casa, uma boa administradora do lar".

No dia seguinte, o presidente Rowhani, que também é clérigo xiita, teve coragem de discordar pública e frontalmente do seu chefe: "Mulheres devem ter oportunidades iguais, benefícios iguais e direitos sociais iguais. [...] Será possível marginalizar metade da sociedade? [...] Àqueles que têm medo da presença e da excelência das mulheres, por favor, abstenham-se de atribuir essas visões erradas à religião, ao islã e ao Corão".

Os paradoxos da situação feminina iraniana refletem uma história de altos e baixos. A mulher ocupa papel central na mitologia persa. A figura de Anahita, deusa

Estudantes colegiais uniformizadas, acompanhadas de mulher usando o chador, atravessam rua no sul de Teerã. Escolas no Irã são segregadas por gênero, mas universidade são mistas.

Apu Gomes

da água, da abundância e do amor, povoou imaginários no Império Aquemênida, inclusive de seus reis. Escavações arqueológicas evidenciaram posições de poder político e econômico das persas na Antiguidade. Há, contudo, relatos de que foi um rei aquemênida, Ciro, o Grande, que ordenou às mulheres que se cobrissem para preservar sua castidade. A islamização da Pérsia impôs o modelo social árabe patriarcal e espalhou a poligamia. Mulheres só recuperariam direitos igualitários sob o reino dos Pahlavi, que reformaram as leis da família nos moldes ocidentais. O uso do véu em praça pública foi banido, o que gerou efeito contraproducente na emancipação feminina, já que mulheres nos meios rurais e religiosos deixaram de sair de casa para estudar e trabalhar por se recusarem a mostrar os cabelos. As mulheres tiveram papel central na Revolução de 1979, em grande parte graças à militância feminista islâmica, que pregava maior participação na sociedade desde que os espaços de segregação fossem assegurados. Tentativas do governo Khomeini de impor o uso do véu e restrições indumentárias foram inicialmente combatidas. Mas o Estado levou a melhor no início dos anos 1980, após eliminar a oposição secular e obter apoio da nação contra invasores iraquianos – apoiados pelo Ocidente. A morte de Khomeini e o fim da guerra abriram caminho para a liberalização dos modos, que teve auge na presidência Khatami (1997-2005), durante a qual disseminaram-se roupas coloridas e véus mais brandos. Ahmadinejad orquestrou a guinada conservadora. A polícia moral voltou às ruas em massa, mas o presidente não conseguiu implantar sua reforma, que visava facilitar a poligamia e reduzir ainda mais os direitos das mulheres.

Apesar da adversidade, a maior parte das iranianas hoje em dia recusa a vitimização alardeada pela visão orientalista. Na coletânea francesa de artigos acadêmicos *Les femmes en Iran: Pressions sociales et stratégies identitaires*, a pesquisadora Danielle Combes destaca a "irritação das iranianas, muitas vezes colocadas diante de uma visão ocidental estereotipada, engessada e um tanto maniqueísta do Irã". Tese corroborada por uma empresária de Teerã que me disse o seguinte: "Sejamos francos, a obrigação de usar véu é um incômodo sem tamanho. Mas isso é obsessão ocidental. Há tantas coisas mais urgentes no país em termos de economia, direitos humanos, justiça etc. Não sofro mais por ser mulher. Aqui não é o Afeganistão nem a Arábia Saudita. Temos outra história, outra cultura. Os problemas que enfrento são os mesmos que os dos outros cidadãos iranianos, independentemente de serem homens ou mulheres".

JUDEUS

A relação da República Islâmica com os judeus iranianos é ambivalente e complexa. O mesmo Estado que contesta o Holocausto e defende o fim de

Israel abriga a maior e talvez mais livre comunidade judaica em todo o Oriente Médio fora de Israel.

Estimativas do número de judeus no Irã variam de 9 mil a 25 mil. A comunidade, que se concentra principalmente entre Teerã, Isfahan, Shiraz, Yazd e Kerman, goza de relativa liberdade de culto e detém o privilégio de poder beber vinho e promover festas mistas, crimes passíveis de prisão para muçulmanos. Judeus iranianos não estão sujeitos à lei islâmica, mas à legislação de rabinos oficialmente credenciados. Crianças estudam em escolas israelitas. Uma cadeira do Parlamento é reservada à comunidade. Judeus no Irã, entre os quais predomina uma corrente ortodoxa, tendem a ter importantes atividades empresariais. Um mural no norte de Teerã ostenta com orgulho o rosto de mártires judeus que sacrificaram a vida pela República Islâmica durante a guerra contra o Iraque.

Uma foto no museu Khomeini, em Teerã, mostra um cartaz erguido sobre a maré humana que recebeu o aiatolá na volta do exílio, no qual judeus escreveram em letras garrafais seu apoio à Revolução de 1979. Logo que se reinstalou no Irã, Khomeini recebeu lideranças judaicas e lhes prometeu proteção, dizendo que os considerava cidadãos iranianos com plenos direitos e que sua religião era legítima aos olhos do islã. Desde então, o respeito à comunidade judaica tornou-se um trunfo da propaganda oficial iraniana.

Mas essa harmonia aparente esconde uma dinâmica complexa e mal resolvida, parecida com uma estratégia de sobrevivência. Para permanecer em paz numa terra onde vivem há milênios, judeus ao longo da história não tiveram outra opção a não ser compactuar com o poder da vez.

A regra número um é jamais externar qualquer simpatia por Israel. Sempre que possível, membros da comunidade devem condenar "o regime sionista" e defender os palestinos.

A comunidade judaica costuma votar em peso nas eleições, sempre diante das câmeras de TV. A mensagem é clara: os judeus reconhecem e apoiam o regime. Judeus iranianos também são estimulados a participar das grandes celebrações à glória da República Islâmica, como o aniversário da revolução. Em 2013, uma centena de judeus se manifestou em frente ao escritório da ONU em Teerã para apoiar os "direitos nucleares legítimos da nação iraniana". Ambiente alegre e descontraído. Mas todos ali haviam sido solicitados a comparecer. "Nosso representante no Parlamento telefonou lá em casa dizendo que seria bom se eu aparecesse na manifestação com a minha família", me confidenciou uma elegante senhora.

A maior parte dos judeus evita se pronunciar sobre discriminações. Mas alguns admitem, em conversa reservada, viver contrariados por não poder se tornar servidores públicos ou destacar-se em carreiras universitárias.

186 | Os iranianos

O pacto de silêncio ficou estremecido quando judeus iranianos externaram sua revolta contra ímpetos antissemitas, principalmente por parte de Ahmadinejad – o líder supremo é inquestionável. Em entrevista à *Folha de S.Paulo* (10 jun. 2012), o representante judeu no Parlamento, Siamak Moreh Sedgh, deixou clara sua oposição às contestações do então presidente. "Já falei com ele pessoalmente sobre esse tema. Eu sei que 6 milhões de judeus foram exterminados na Segunda Guerra Mundial." Outro líder da comunidade, Haroun Yashayaei, atacou de frente o presidente Ahmadinejad em artigo publicado num jornal local em julho de 2013. "[...] O presidente tripudia e chama o Holocausto de mito. É algo presunçoso [movido por intenções] de politicagem." Curioso notar, entretanto, que o mesmo Ahmadinejad fez uma doação financeira que salvou da falência o hospital de caridade israelita de Teerã, em 2008.

Num reflexo da relativa tranquilidade dos judeus no Irã e do seu apego ao país, várias famílias rejeitaram ofertas, inclusive com promessa de retribuição financeira, para migrar para Israel. Mas muitas outras foram embora. Antes da revolução, havia 80 mil judeus no Irã. Hoje, como já dito, o número é estimado entre 9 mil e 25 mil. Além de Israel, Estados Unidos e Canadá foram os outros destinos preferenciais.

Apesar do relativo bem-estar dos que ficaram, não faltam histórias de sofrimento e dificuldade. Houve ao menos 13 casos de judeus executados sob acusação de trabalhar para o Mossad. Em 2014, investigadores israelenses revelaram que oito judeus iranianos haviam sido capturados e mortos ao tentar sair clandestinamente do Irã, em 1994. Outros judeus foram presos por um simples telefonema a parentes em Jerusalém ou Tel Aviv. Viagens ao Estado judaico, mesmo camufladas graças a itinerários complexos para não deixar rastro, sempre implicaram risco de retaliação no regresso ao Irã. A partir dos anos 2000, contudo, autoridades passaram a fazer vista grossa para viagens ocasionais de judeus iranianos a Israel. Também foram criados mecanismos para que israelenses persas pudessem, por meio de consulados em países terceiros, obter passaporte iraniano para visitar parentes na República Islâmica. O consulado da República Islâmica em Istambul foi colocado à disposição de quem quisesse reaproximar-se das origens. Não está claro quantos israelenses persas abraçaram a oferta.

Importantes figuras israelenses, como a cantora Rita, o ex-ministro da Defesa Shaul Mofaz e o ex-presidente Moshe Katzav, são judeus nascidos no Irã. Durante a cerimônia fúnebre do papa João Paulo II, em 2005, no Vaticano, Katzav e o então colega iraniano Khatami, ambos originários de Yazd, se cumprimentaram e conversaram amigavelmente em farsi. Diante da reação hostil em seus respectivos países, foram obrigados a negar ter se encontrado.

Judeus iranianos manifestam diante de escritório da ONU em Teerã para defender direitos nucleares do Irã, em 2013. A comunidade judaica local vive em relativa tranquilidade, mas é pressionada a atender interesses de propaganda do regime.

ZOROASTRAS

A primeira fé monoteísta do mundo nasceu na Pérsia e lá se mantém até hoje, ainda que em proporções modestas. Segundo dados oficiais, praticantes do zoroastrismo não passam de 28 mil no Irã, a maior parte espalhada entre Yazd e Teerã. Estimativas do total de zoroastras no mundo não chegam a 3 milhões.

Zoroastras são reconhecidos pelo Estado xiita teocrático e possuem uma cadeira reservada no Parlamento. São ativos nos negócios e nos meios intelectuais e, como toda minoria no Irã, evitam envolver-se com atividades políticas. Desfrutam de uma imagem *cool*, que atrai a simpatia e o respeito de muitos iranianos.

Marina Rodrigues Mesquita

Último zoroastra a trabalhar como guardião do cemitério da comunidade em Yazd, centro do Irã. O zoroastrismo é a religião ancestral dos persas e até hoje tem seguidores.

O zoroastrismo foi religião de Estado no Irã pré-islâmico e, por isso, é muito associado ao nacionalismo persa. É comum iranianos de classe média, principalmente jovens, usarem pingentes ou camisetas com a efígie do Faravahar, espécie de anjo da guarda zoroastra. O homem alado também aparece em fachadas de lojas e adesivos em para-brisas. Setores islâmicos mais conservadores incomodam-se com isso. Logo após a Revolução de 1979, houve um movimento exigindo a destruição das ruínas de Persépolis, antiga capital dos reis aquemênidas zoroastras, sob pretexto de que eram construções anti-islâmicas. Mas o país está tão impregnado de reminiscências zoroastras que qualquer esforço para limá-las seria inócuo. Do calendário em vigor aos rituais de casamento, passando pela profusão de nomes como Babak ou Anahita, a influência zoroastra é onipresente.

O zoroastrismo foi revelado pelo profeta Zaratustra, portador da mensagem de um Deus único e todo-poderoso. Historiadores divergem sobre quando isso aconteceu. Uns dizem que foi há milênios, outros situam a revelação num passado mais recente, ao redor do ano 700 a.C. A mensagem, imortalizada no livro *Assim falou Zaratustra*, de Nietzsche, pregava veneração a Ahura Mazda, fonte suprema de luz e sabedoria. Zaratustra sustentava que o mundo é palco de uma luta constante entre, de um lado, a ordem e a verdade que emanam de Ahura Mazda e, do outro, o caos e a mentira que tentam arrastar a virtude para as profundezas do inferno. Essa dicotomia fundamental acabou impregnando a teologia das religiões abraâmicas.

Zoroastras viveram seu auge sob os dois maiores impérios persas, o Aquemênida e, principalmente, o Sassânida, quando a teocracia zoroastra perseguia outros grupos. De opressores, os seguidores de Ahura Mazda passaram a oprimidos sob o jugo de outras dinastias, inclusive num passado recente, sob o reino Qajar, no século XIX. Seu último grande período foi sob o reino de Mohammad Reza Pahlavi, cuja obsessão pela grandeza persa histórica revitalizou a herança cultural zoroastra.

CRISTÃOS

A presença dos cristãos na Pérsia remonta aos primeiros séculos depois de Cristo, mas eles sempre foram minoria – perseguidos por zoroastras e sujeitos a relação oscilante com muçulmanos. O atual Estado xiita reconhece o cristianismo como uma das religiões monoteístas "legítimas" e garante amplos direitos à minoria, inclusive o de beber vinho, manter clubes e escolas mistos (vetados para muçulmanos) e resolver problemas jurídicos em tribunais especiais. Estimativas sobre o tamanho da comunidade variam entre 117 mil e 250 mil pessoas, que frequentam cerca de 600 igrejas em todo o país. As maiores ficam em Teerã. A capital ostenta várias estátuas e murais representando a Virgem Maria.

De acordo com a proporcionalidade oficial, armênios, por ser mais numerosos que judeus e zoroastras, têm direito a duas cadeiras no Parlamento. Soma-se a isso o assento reservado aos assírios, e se chega a um total de três vagas para cristãos. Trata-se, portanto, da minoria com maior representação no Legislativo. Católicos caldeus são tolerados, mas não dispõem de representatividade.

Reconhecíveis pela aparência caucasiana e pelos nomes ocidentais, cristãos vivem principalmente em Teerã e no norte do país. A exemplo dos judeus, cultivam um forte sentido de comunidade, priorizando laços sociais e econômicos dentro do grupo. São vistos pelos muçulmanos como pessoas sérias e trabalhadoras.

A tolerância das autoridades, contudo, não se aplica aos cristãos protestantes, acusados de proselitismo. A República Islâmica é implacável contra quem tenta cooptar muçulmanos. Trata-se de crime gravíssimo, passível de pena de morte tanto para quem converte como para o convertido. A lei nunca foi aplicada, mas existem vários iranianos na cadeia pelo crime de apostasia – nome dado à decisão de um muçulmano nato de abraçar outra religião. Apesar do cerco, organizações de evangelização, como a ONG americana Portas Abertas, comemoram o fato de haver uma "explosão" no número de iranianos convertidos ao cristianismo.

Conversões de cidadãos muçulmanos na República Islâmica são difíceis de quantificar, mas as reiteradas campanhas de igrejas americanas pela libertação de pastores iranianos indicam que a tendência existe.

Conversões ocorrem por meio de operações secretas que infiltram no Irã missionários acobertados por atividades de fachada, como trabalho humanitário e esportivo. Conheci, em 2009, um brasileiro que se orgulhava de ter convertido duas famílias muçulmanas, a quem havia entregue Bíblias introduzidas no país clandestinamente. "O pessoal chorou de emoção ao receber as Bíblias", recorda o rapaz, que vivia no Irã como técnico de futebol para crianças carentes, com salário pago por uma ONG europeia. Conheci ao menos dois outros missionários brasileiros acobertados por trabalho humanitário.

SUNITAS

Teerá tem igrejas e sinagogas, mas nenhuma mesquita sunita. Para os iranianos sunitas, que compõem 9% da população e formam a minoria religiosa mais significativa do país, essa discrepância expõe uma discriminação institucionalizada contra o sunismo. Os fiéis veem-se obrigados a rezar em áreas alugadas, cujo acesso é frequentemente barrado pela polícia. É comum políticos e clérigos se referirem a figuras importantes do islã sunita em tom de desprezo. Considerados hereges e carrascos da família do imã Hussein, sunitas não têm direito a vagas reservadas no Parlamento.

Ao racha teológico sobrepõem-se questões étnicas, já que a maior parte dos sunitas são membros de grupos com reivindicações nacionalistas ou sociais, como árabes, curdos, turcomanos e balúchis. ONGs relataram vários casos de dissidentes sunitas condenados à morte por acusações vagas, como "crime contra Deus" ou "corrupção na Terra". A Human Rights Watch e a Anistia Internacional cobraram do governo iraniano o fim da perseguição aos sunitas. Ao eleger-se à presidência, em 2013, o clérigo xiita Hasan Rowhani prometeu mais liberdade para as minorias.

BAHA'ÍS

De todas as minorias étnicas ou religiosas, os baha'ís são, de longe, os mais perseguidos e discriminados. O Estado teocrático não reconhece o baha'ismo como religião e nega aos seguidores direitos assegurados a outras minorias, como leis familiares próprias e representação no Parlamento. Como carecem de existência legal, seu número é difícil de calcular. Em 1986, os baha'ís avaliavam em 350 mil a quantidade de fiéis ainda no Irã.

Denunciada de forma sistemática por vários governos e ONGs de direitos humanos, a repressão contra baha'ís se manifesta em todas as áreas do país. Enquanto não se declaram muçulmanos, fiéis são barrados de empregos públicos, universidades e atividades acadêmicas. A mídia linha dura publica regularmente conteúdo antibaha'ís. Em 2009, o jornal *Hamshahri* foi momentaneamente banido por ter publicado um anúncio publicitário que mostrava um templo baha'í na Índia. Empresários baha'ís vivem sob ameaça constante de ter licenças revogadas. Templos e cemitérios foram quase todos demolidos. Com frequência, residências de baha'ís são invadidas pela polícia, sem mandado nem justificativa. Em alguns casos, propriedades sofrem depredações. Fiéis baha'ís às vezes tornam-se alvo de agressões físicas. Vistos como ameaça nacional, baha'ís são vítimas de prisões arbitrárias sob pretextos vagos, sem direito a julgamento. Ao menos 200 seguidores foram executados desde 1979, segundo a Anistia Internacional. Um dos últimos casos de que se tem notícias ocorreu em 1998, quando o empresário Ruhollah Rowhani foi enforcado em Mashhad sob acusação de ter convertido uma muçulmana ao baha'ismo. Famílias baha'ís estiveram entre as principais vítimas da expropriação de terras e prédios imposta pelo governo revolucionário nos anos 1980.

A hostilidade abrandou-se na segunda metade dos anos 2000 – ou, ao menos, tornou-se menos explícita. Mas baha'ís no Irã ainda vivem num clima de medo e pressão.

O sentimento antibaha'í é anterior à República Islâmica. Perseguição existe desde que a fé foi fundada, na Pérsia do século XIX, por Bahá'u'lláh, dissidente xiita acusado de heresia por se dizer profeta e sucessor de Abraão, Moisés, Cristo e Maomé. O baha'ísmo mescla até hoje elementos judaicos, cristãos e islâmicos. A repressão diminuiu sob o regime laico de Mohammad Reza Pahlavi. Mesmo assim, o xá manipulou, caçou e mandou espancar baha'ís quando quis agradar os ultraconservadores xiitas.

Em 1979, às vésperas de seu retorno ao Irã, o aiatolá Khomeini deixou clara sua visão dos baha'ís: "Eles são uma facção política. Eles são nocivos. Eles não serão aceitos [pelo governo revolucionário]". A declaração ecoa até hoje nos meios do regime, que consideram a fé baha'í uma criação do Ocidente para dividir e enfraquecer muçulmanos. Prova disso, argumentam os inimigos do baha'ismo, é que o principal templo da religião encontra-se em Israel, na cidade de Haifa. Baha'ís negam ser pró-Israel e afirmam que sua presença na Terra Santa é anterior em um século à criação do Estado judaico. Foi essa hostilidade aberta por parte da teocracia iraniana que obrigou a maior parte dos baha'ís a fugir do país nos anos 1980, formando uma diáspora próspera e organizada que milita pela queda do atual sistema iraniano. Uma das mais ativas comunidades baha'í se encontra no Brasil.

GAYS, LÉSBICAS E TRANSEXUAIS

Durante palestra na Universidade Columbia, em 2007, o presidente Mahmoud Ahmadinejad foi questionado por estudantes sobre o fato de a homossexualidade ser passível de pena de morte pela lei iraniana. Resposta: "No Irã não temos homossexuais, ao contrário do seu país. No Irã, não temos esse fenômeno. Não sei quem lhe contou que temos". O jornalista Siamak Ghaderi, da agência oficial IRNA, respondeu publicando na internet depoimentos de vários gays iranianos. Acabou preso e submetido a chibatadas, sob acusação de "insulto à presidência", "ameaça à segurança nacional" e "propaganda contra o regime". No início de 2014, Ghaderi continuava encarcerado.

O Irã apresenta um dos aparatos legais mais repressores contra gays. Relações homossexuais são passíveis de castigo físico e, no caso de sodomia entre homens, de execução. Apesar de a lei exigir provas teoricamente difíceis de conseguir, como testemunho de quatro homens, a pena foi aplicada reiteradas vezes desde a implementação do Estado teocrático. Num dos casos mais conhecidos, os adolescentes Mahmoud Asgari, de 16

192 | Os iranianos

anos, e Ayaz Marhoni, de 18 anos, foram enforcados em praça pública em Mashhad sob acusação de terem estuprado um garoto de 13 anos. Blogueiros e ativistas garantem que o processo foi forjado para incriminar o casal, que era conhecido nos meios homossexuais da cidade. Fotos dos rapazes pendurados pelo pescoço nos guinchos da morte geraram uma onda de comoção no Ocidente. Segundo levantamento de grupos gays, cerca de 120 pessoas foram executadas no Irã desde 1979, sob pretextos variados. Outras avaliações dizem que homossexuais mortos pelo Estado se contam às centenas. Mulheres são punidas com chibatadas e se expõem à pena de morte na terceira reincidência. Relatos de perseguição e tortura são comuns. Militantes afirmam que a pressão da polícia moral vem diminuindo, mas ressaltam que milicianos basijis continuam a caça.

A homossexualidade ainda é malvista pela maior parte da sociedade iraniana, inclusive em meios urbanos e instruídos.

Apesar da repressão, há conhecidos pontos gays em Teerã, como o parque Laleh, no centro da capital, e alguns shoppings. Nas grandes cidades, homossexuais usam a internet para flertar e marcar encontros, nos quais se reconhecem por meio de códigos, como pulseiras de determinada cor.

Também é curioso constatar que demonstrações de afeto entre pessoas do mesmo sexo não têm a mesma conotação que no Brasil. Dois amigos homens podem perfeitamente andar abraçados ou de mãos dadas sem ser parceiros homoafetivos. Outra situação comum é o fato de conhecidos dormirem no colo uns dos outros nos transportes públicos.

Por uma das maiores bizarrices da lei iraniana, o mesmo Estado que condena homossexuais à morte permite, incentiva e financia... operações de troca de sexo. A República Islâmica é o segundo país do mundo com maior número de cirurgias desse tipo. São cerca de 50 por ano, número inferior apenas ao da Tailândia. A lei considera que transexuais são heterossexuais vítimas de uma doença curável mediante cirurgia. Quem conseguir provar às autoridades ter nascido no "corpo errado", mediante certificado médico e psicológico, ganha permissão para trocar de sexo e conseguir rapidamente novo documento de identidade. O Estado se dispõe a subsidiar um terço do valor da cirurgia. Homens e mulheres se candidatam à operação em proporção semelhante.

A prática começou em 1984, quando o aiatolá Khomeini emitiu decreto tornando o procedimento lícito. Khomeini havia ficado comovido com o caso de Feyreddun Molkara, um devoto xiita que o convencera de que era mulher presa em corpo de homem. O caso gerou discussão entre muçulmanos do mundo inteiro. Sunitas consideraram uma heresia grave. Alguns xiitas disseram que o episódio foi a prova definitiva da maior tolerância do islã xiita.

A prática, contudo, ocorre na maioria das vezes por pressão social e legal. Em entrevista à *Folha de S.Paulo,* uma transexual operada revelou um sentimento silencioso amplamente difundido: "Não teria mutilado meu corpo se a sociedade tivesse me aceitado do jeito que eu nasci".

DO IRÃ PARA O MUNDO

Para a maior parte da opinião pública mundial, o Irã é sinônimo de programa nuclear e de religiosos fanáticos. Mas quem se debruça de perto sobre o país enxerga a diversidade de gênios e talentos que a cultura iraniana irradia pelo mundo. Da República Islâmica saem até hoje os tapetes mais preciosos, um cinema de extrema sofisticação, uma gastronomia surpreendente e uma diáspora pacata e bem integrada.

TAPETES PERSAS

Tapetes são a expressão máxima e absoluta da cultura persa. A relação dos iranianos com eles é inimaginável. Em áreas remotas, tapetes são usados como cama e até mesmo como sala de estar móvel de tribos nômades. Em meios abastados, tornam-se cobiçadas e valiosas peças de coleção. Para muitas famílias de classe média, vender um tapete é o que permitirá financiar os estudos do filho no exterior. Alguns iranianos juram que contemplar em silêncio a beleza transcendental de certas peças ajuda a apaziguar a alma. Todo mundo, desde criança, tem ao menos algumas noções sobre essa arte. Difícil encontrar uma residência sem tapete. Valem até os fabricados por máquina, heresia para entendidos. Tapetes industriais são o equivalente dos relógios a bateria para apreciadores de alta relojoaria artesanal.

A exemplo do que ocorre com pinturas ou esculturas, tapetes se valorizam com o tempo. Muitas das peças mais valiosas foram fabricadas há décadas. Um verdadeiro tapete deve ser passado de geração em geração.

Poucas experiências no Irã são tão interessantes quanto ouvir algum vendedor apaixonado descrever em detalhes as particularidades de suas peças. À medida que o profissional disserta, aquilo que era visto como vagas diferenças de cores e formatos aos poucos vai se mostrando um universo de riquezas e minúcias dificilmente perceptível para olhos leigos. Tal peça tem um relevo de seda sobre camada de lã de ovelha pintada com açafrão. Outra ostenta simetria de motivos e afrescos tão perfeita que custa acreditar que foi feita à mão. Com tamanha variedade de opções, é seguro dizer que o turista sempre achará algo que o agrade.

194 | Os iranianos

Marina Rodrigues Mesquita

Apu Gomes

Do Irã para o mundo | 195

Reflexos de uma expertise milenar, tapetes persas são o símbolo máximo da sofisticação cultural iraniana e podem custar até dezenas de milhares de dólares. Para os locais, tapetes são parte do patrimônio familiar.

Tapetes podem ser feitos com seda ou lã – de camelo, cabra ou ovelha – e pintados em cores berrantes ou tons pálidos. Alguns cabem numa mochila, outros são feitos para cobrir o chão em gigantes salões da realeza no exterior. Tapetes de Qom são delicados e possuem motivos geométricos rigorosamente executados em oficinas. Já os modelos Bakhtiari são rústicos e feitos de improviso em função da criatividade de artistas avessos a padrões. Todo tapete persa que se preze é fabricado apenas com elementos naturais. Alguns modelos são carregados de religiosidade, com inscrições corânicas e figuras entrelaçadas em espiral que remetem à unidade fundamental do universo criado por Deus, ideia central do islã. Outros são monocromáticos e minimalistas. Os que se encontram nas lojas são, na maioria das vezes, peças únicas, cuja fabricação exigiu o trabalho paciente e dedicado de uma mesma pessoa durante meses, até anos.

Não está claro onde foram fabricados os primeiros tapetes da história; mas, há 9 mil anos, humanos já se sentavam sobre peles de animais. Na Pérsia, tapetes remontam ao Império Aquemênida, segundo pesquisas arqueológicas. Existem relatos de que o túmulo de Ciro, o Grande, era coberto de tapetes preciosos. Naquela época, artistas privilegiavam motivos florais e simétricos que remetessem ao idílio do jardim persa, em voga até hoje. Nos séculos seguintes, multiplicaram-se representações de figuras vivas, animais e humanos. Com a chegada do islã, no século VII, as figuras se diversificaram e a produção disparou, já que a oração muçulmana é feita sobre tapetes. A dinastia Safávida elevou o *status* da indústria e deu título de nobreza aos mestres artesãos. O xá Abbas I é lembrado como o maior e mais poderoso incentivador dos tapetes persas, que se tornaram, sob seu reino, marca registrada do gênio cultural iraniano. Foi nessa época que cresceu o interesse dos ricos europeus, incluindo cabeças coroadas, pelas obras-primas iranianas. Mas foi também nesse período que a produção em larga escala abriu caminho para a queda dos níveis de qualidade.

O apego cultural aos tapetes transcende questões políticas e religiosas. A indústria sobreviveu a golpes e revoluções e hoje representa, em valores absolutos, a maior fonte de renda do Irã depois dos hidrocarbonetos. O Irã ainda é líder mundial no setor. Seu padrão de qualidade continua inigualável. Tapetes costumam ser a opção preferencial do Estado iraniano na hora de presentear países amigos ou organizações internacionais.

Mesmo assim, a indústria está em declínio. A receita com as exportações despencou cerca de 80% ao longo da primeira década dos anos 2000. Após ligeira recuperação, o ano de 2012 fechou com US$ 560 milhões em receitas. Em 2010, tapetes persas abasteciam um terço da demanda global. Três anos depois, a proporção havia caído para um quinto.

A queda se deve a dois fatores principais. O primeiro é a concorrência implacável. Iranianos enfrentam produtores e exportadores de tapetes turcos, afegãos, marroquinos etc. São tapetes artesanais vistosos e bem-feitos, mas de qualidade inferior, que se vendem com mais facilidade por duas razões: são mais baratos e circulam mais facilmente, pois seu comércio não está sujeito a sanções, que, por complicar e elevar o custo das transações de compra e venda, travam consideravelmente o acesso dos tapetes persas aos mercados ocidentais. A concorrência também vem dos tapetes industriais e das imitações de tapetes persas feitas na China, algumas das quais são vendidas até com certificados de origem e garantia idênticos aos fornecidos no Irã.

A segunda razão por trás do declínio é mais profunda e reflete mudanças na sociedade iraniana. Com estilos de vida e consumo cada vez mais ocidentalizados, famílias tendem a substituir investimentos em tapetes por compras de imóveis, dólares ou ouro. Há menos iranianos dispostos a gastar as economias de uma vida para adquirir um tapete. A modernização também se reflete no êxodo rural, que leva populações camponesas a buscar melhores condições econômicas nas cidades. Esse movimento inclui artesãos e tecedores de tapetes, esgotados com uma atividade mal paga, que acaba com a vista e destrói as costas devido à posição do corpo na hora de tecer. Mesmo para os que ficam no campo, trabalhar na agricultura às vezes acaba sendo mais rentável. Os filhos de tecelões não querem saber de perpetuar esse negócio ancestral. Autoridades vêm buscando maneiras, até agora sem sucesso, de amparar o ramo, que gerava dois milhões de empregos diretos e indiretos em 2012.

ADMIRADA ESCOLA DE CINEMA

O cinema iraniano está submetido, desde seu surgimento, no início do século XX, a pressões políticas e censura. O xá Mohammad Reza Pahlavi proibiu no país o filme *A Vaca* (1969) por mostrar um Irã rural e conservador incompatível com a imagem de modernidade que norteava sua ditadura secular. Diz a lenda que o aiatolá Khomeini, então simples opositor ao regime, adorou o filme, e isso evitou que o cinema desaparecesse por completo após a Revolução de 1979.

Apesar da censura redobrada sob o governo revolucionário, foi a partir dos anos 1980, principalmente após a guerra com o Iraque, que o cinema nacional floresceu. O Irã tem hoje uma das maiores e mais respeitadas indústrias cinematográficas do mundo. Exportados e prestigiados no Ocidente, filmes autorais são reconhecidos por veicularem estilo e linguagem própria, numa ampla gama de nuances.

198 | Os iranianos

Atores e atrizes, diretores e diretoras têm *status* de superastros no país, que é palco de vários festivais anuais. Em 12 de setembro é festejado o Dia do Cinema Iraniano.

A máxima consagração do cinema iraniano no exterior aconteceu em 2012, com a entrega do Oscar de Melhor Filme Estrangeiro para *A Separação*, de Asghar Farhadi. Nas semanas anteriores, o longa havia arrematado diversos outros prêmios. Jurados, críticos e público no Ocidente acostumaram-se a ver grandes filmes produzidos no Irã. Em 1997, *Gosto de Cereja*, de Abbas Kiarostami, faturou a Palma de Ouro em Cannes. Três anos depois, no mesmo festival, Samira Makhmalbaf levou o prêmio especial do júri com *The Blackboard*. Surgiram dezenas de outros prêmios para outros diretores, incluindo Jafar Panahi, Majid Majidi, Mohsen Makhmalbaf e Mohammad Rasoulof. Em todo o mundo, o cinema iraniano é elogiado pela delicadeza com que trata dramas humanos e transtornos existenciais. O apego dos iranianos à poesia é visível em seu cinema autoral. Há quem diga que se trata de uma escola inspirada na linhagem neorrealista italiana.

Os grandes diretores iranianos quase sempre negam mesclar arte e política, mas é difícil não enxergar manifestos e críticas em seus filmes, mesmo que isso ocorra às vezes de forma tão subliminar que aos olhos leigos passa batido. *A Separação*, por exemplo, retrata, por trás do divórcio de um casal, o absurdo sistema judiciário iraniano e o desamparo moral gerado pela pobreza. Mas tudo é narrado de forma tão sutil que o longa passou com facilidade pelas autoridades de censura. Após o estrondoso sucesso no exterior, o filme foi atacado por setores ultraconservadores sob pretexto de veicular imagem negativa do Irã.

O Estado domina a indústria cinematográfica. Nada é filmado no país sem a permissão do Ministério da Cultura e da Orientação Islâmica. Após ser rodada e editada, toda obra precisa ser avalizada pelos censores – primeiro, os do Ministério, mais lenientes; em seguida, os ultraconservadores, implacáveis, mas também carentes dos referenciais simbólicos e intelectuais para detectar eventuais críticas subliminares ao governo. Alguns longas cuja filmagem foi autorizada acabam vetados na hora da divulgação, como aconteceu com *The Circle* (2000), de Jafar Panahi, que critica o tratamento às mulheres no Irã. Posicionamentos políticos por mais abertura e contra o autoritarismo do governo levaram Panahi a ser condenado, em 2010, a seis anos de prisão. Boa parte da pena foi cumprida em regime aberto. Já encontrei Panahi em várias recepções de embaixadores ocidentais em Teerã.

Fachada do cinema Azadi, em Teerã, dominada por filmes iranianos. O país tem uma das mais respeitadas escolas cinematográficas do mundo.

Do Irã para o mundo | 199

200 | Os iranianos

Para além das imposições legais, cineastas iranianos também sofrem formas de pressão mais veladas. Exemplo mais claro é o fato de o Estado usar subsídios à indústria cinematográfica como forma de orientar ideologicamente as produções. Roteiros sobre temáticas religiosas ou sobre a guerra contra o Iraque recebem farto financiamento. É por isso que os protagonistas do cinema iraniano doméstico não são os filmes que chegam a festivais no exterior, mas produções comerciais do tipo *blockbuster* focadas em temáticas populares e geralmente atreladas ao universo ideológico do Estado. Em realidade, são essas superproduções, das quais nunca se ouve falar no Ocidente, que lotam as salas e fazem girar a indústria de cinema nacional. Projetos focados em histórias humanas têm orçamento muito mais limitado, porque sua capacidade de captar recursos é ínfima. Não só interessam menos ao governo, como também são submetidos ao crivo mais rigoroso da censura. Isso leva alguns cineastas, como Jafar Panahi, a se dedicar exclusivamente ao público estrangeiro, gerando críticas de muitos iranianos, que o acusam de distorcer a realidade nacional para agradar o gosto ocidental.

Autoridades também controlam a distribuição de filmes estrangeiros, raramente exibidos nas salas de cinema iranianas. O cenário é diferente na TV estatal, que está repleta de longas estrangeiros, americanos principalmente. Alheia às proibições, a população acessa filmes de outros países graças à internet ou a emissoras internacionais disponíveis via parabólica, além de DVDs piratas encontrados em qualquer bazar.

"As instituições públicas da área de cinema têm interesses políticos que, em última análise, determinam quais filmes serão feitos ou, ainda, quais serão vistos", escreve a brasileira Alessandra Meleiro em *O novo cinema iraniano: arte e intervenção social*. No livro, ela enumera algumas das diretrizes estipuladas num texto regulatório oficial batizado de "The Principles and Operational Procedures of Iranian Cinema". Restrições incluem proibição de mostrar agentes do Estado em situação desfavorável, veto a palavras estrangeiras e a contato físico entre homens e mulheres, entre outros. Por atingir um público de massa, o cinema é a forma de expressão cultural mais sujeita a monitoramento e pressão da censura. Já as artes plásticas, atreladas aos restritos círculo de frequentadores das galerias contemporâneas, evoluem num ambiente muito mais permissivo. Reiteradas vezes me deparei com quadros ou esculturas de mulheres nuas expostos em Teerã.

Esse acúmulo de restrições legais, morais e econômicas incomoda profundamente os cineastas, mas a maioria escolhe continuar morando no Irã, geralmente em Teerã.

Fachada do Museu do Cinema Iraniano, no norte de Teerã, que passou anos fechado pelas autoridades morais. O prédio é da época Qajar e é rodeado por jardins e cafés entre os mais agradáveis e modernos da capital, que tem meio artístico fervilhante.

DESTAQUES NO ESPORTE

Futebol é, de longe, o esporte mais popular no Irã. Mas poucos jogadores conseguiram destaque em ligas profissionais no exterior. O maior craque do país foi o centroavante Ali Daei, que detém o recorde mundial, reconhecido pela Fifa, de gols marcados em partidas internacionais. Daei teve passagem marcante por grandes times alemães nos anos 2000, como Bayern de Munique e Hertha Berlim. Também se destacaram na Europa, ainda que em menor escala, o atacante Ali Karimi, ex-Bayern de Munique, e o meia Javad Nekounam, ex-Osasuna, da Espanha. Em 2014, o goleiro Daniel Davari era titular no time alemão Eintracht Braunschweig, da primeira divisão.

Em cruzamento no norte de Teerã, jovens festejam a classificação do Irã para a Copa do Mundo no Brasil. Iranianos são apaixonados por futebol.

A seleção iraniana já faturou três Copas da Ásia (1968, 1972, 1976), mas seu ápice de visibilidade foi no Mundial da França, em 1998, quando derrotou os Estados Unidos por 2 a 1. Não foi suficiente para classificar o Irã para a fase seguinte, mas o resultado é lembrado como um dos grandes feitos nacionais na arena esportiva. O Irã obteve vaga em outras três Copas do Mundo: 1978, 2006 e 2014. Nas duas primeiras foi eliminado na primeira fase. Os dois grandes clubes de Teerã, os arquirrivais Persépolis e Esteghlal, constam todo ano na lista de favoritos dos torneios asiáticos. Apesar da paixão dos torcedores, assistir ao superclássico de Teerã é uma experiência pacata e bem-humorada. Em 2014, assisti ao *derby* no meio da torcida do Persépolis, cuja hostilidade contra simpatizantes do time rival se limitava a xingamentos. No fim do jogo, todos saíram juntos, sem qualquer sinal de tensão. No futsal, a seleção iraniana é amplamente respeitada.

Outros esportes coletivos nos quais iranianos conseguiram algum respeito são vôlei e, principalmente, basquete. Em 2008, Hamed Haddadi foi contratado pelo Memphis Grizzlies, tornando-se o primeiro iraniano a atuar em um time da NBA.

Mas o forte dos iranianos são os esportes individuais, especialmente modalidades olímpicas, como levantamento de peso e artes marciais, responsáveis por praticamente todas as medalhas na história do Irã em competições internacionais. Entre os maiores orgulhos da nação, encontram-se os campeões de luta greco-romana Abbas Jadidi, que colecionou medalhas nos anos 1990, e Abdollah Movahed, superastro nos anos 1960. Yousef Karami foi um dos maiores nomes do *tae kwon do* mundial nos anos 2000.

Os iranianos inventaram o polo, há mais de dois milênios, mas não conseguem brilhar no exterior.

Estádio Azadi, lotado com 90 mil pessoas para ver o clássico local Esteghlal x Persépolis, numa tarde de 2014. O futebol é o esporte mais popular no país.

204 | Os iranianos

GASTRONOMIA RICA – E SAUDÁVEL

Sucesso de público e crítica nas grandes cidades americanas e europeias, a culinária persa é desconhecida no Brasil. Em 2013, o restaurante Amigo do Rei, em São Paulo, era o único lugar no país onde se podia degustar gastronomia iraniana.

A comida persa consiste principalmente em kebabs (espetos grelhados de carneiro, boi ou frango) e ensopados (de espinafre, berinjela, ervas). Tudo sempre acompanhado de arroz, que pode ser branco, com açafrão ou misturado com favas e ervas verdes. A aparência às vezes é de uma maçaroca pouco apetitosa. Mas os sabores são incrivelmente pronunciados e variados. Além disso, são suaves e de fácil iniciação. Também existem dezenas de outros pratos que refletem a diversidade de culturas, etnias e climas. A gastronomia do norte é famosa pelos delicados peixes de água doce e patês à base de iogurte. Do mar Cáspio provém aquele que alguns consideram o melhor caviar do mundo. No noroeste, a influência da culinária turca se faz sentir. Às margens do golfo Pérsico, camarões e calamares em abundância. A riqueza dos pratos quentes contrasta com a falta de apego aos doces. São raríssimos os restaurantes que oferecem sobremesa. Nas casas, o mais comum é uma bandeja de frutas. As refeições costumam terminar com um chá quente, bebida nacional suprema, servida a toda hora e em todo lugar. Confeitarias não apenas são raras, como também dificilmente oferecem produtos originais de qualidade.

Destoando de países vizinhos, pratos iranianos são pouco temperados, deixando a predominância gustativa ao sabor natural dos ingredientes. É uma culinária com pouquíssima fritura e gordura, norteada pela filosofia de que os alimentos constituem a base de uma vida saudável. Muitos pratos são feitos à base de nozes ou frutas. E toda refeição tradicional segue o princípio elementar da alternância quente-frio, que vai muito além da simples temperatura e visa equilibrar sabores e atenuar a digestão. Um ensopado com gosto muito forte (quente) será compensado com arroz neutro (frio). Entre pratos quentes, uma colher ocasional de iogurte faz bem para o estômago, garante a sabedoria popular iraniana. Outra prática comum é ingerir pedaços de cebola crua em momentos intercalados da refeição. Não por acaso, iranianos tendem a ser esbeltos.

A gastronomia persa nem sempre tem aparência apetitosa, mas é repleta de sabores únicos. A comida preferida do autor deste livro é o Ab Gusht (à direita, acima), que mistura ingredientes bastante variados como feijão branco, carne, gordura, legumes, e ervas. Abaixo temos o Beryouni, prato típico de Isfahan feito à base de carne e pão. A região de Mashhad é conhecida por ter o melhor Mahichê (à esquerda), carne de cordeiro cozida no osso com cebola caramelizada. A refeição típica nacional, entretanto é o espeto de carne conhecido como Kebab (centralizado abaixo).

Do Irã para o mundo | 205

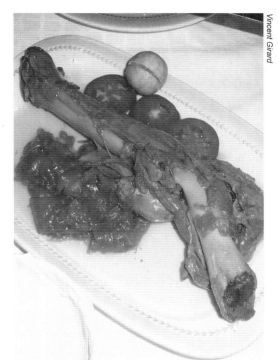

206 | Os iranianos

Iranianos dão tanta importância à comida quanto franceses ou marroquinos. No Irã, alimentar-se significa sentar-se à mesa – ou no chão – e saborear pratos que foram cozidos. Congelados e *fast food* existem em larga escala, mas muita gente não gosta. Difícil encontrar um iraniano que não tenha ao menos algumas noções de cozinha, tanto mulheres quanto homens. Em qualquer evento social, inclusive enterros, comida deve ser servida em abundância. Nas entrevistas coletivas do governo, jornalistas recebem pacotes de biscoito, suco em caixinha e pepinos inteiros crus, que são considerados frutas. O cúmulo da grosseria é receber convidados com comida parca ou ruim. Quando viajam ou migram para o exterior, são dos pratos persas que os iranianos, mesmos os ocidentalizados ao extremo, sentem mais falta.

DIÁSPORA HETEROGÊNEA

Os iranianos protagonizaram diversas ondas de êxodo externo ao longo da história. No século IX, zoroastras migraram para a Índia para fugir da pressão exercida pelos ocupantes árabes islâmicos. Mil anos depois, foi a vez dos baha'ís deixarem para trás o Irã em busca de abrigo. Acabaram acolhidos pelo Império Otomano. Em tempos mais recentes, houve duas ondas migratórias significativas. A primeira, nos anos 1960 e 1970, foi acarretada por políticos, religiosos e intelectuais perseguidos pelos xás Pahlavi, pai e filho. Mas os monarcas também favoreceram outro tipo de migração, a dos estudantes universitários, que eram incentivados, mediante bolsa, a seguir programas de graduação nos Estados Unidos e na Europa. O plano previa que retornassem ao Irã uma vez completada sua formação no exterior.

A segunda onda migratória recente, muito mais ampla que a anterior, ocorreu com a chegada ao poder do governo teocrático. A partir de 1979, os alunos inscritos em universidades ocidentais não somente abandonaram planos de voltar ao Irã, como também acolheram parentes fugindo do caos revolucionário. Multidões de funcionários públicos, judeus, cristãos, baha'ís e simpatizantes do xá engrossaram o fluxo. A traumática década de 1980, marcada pela crise econômica decorrente da guerra contra o Iraque e pela implacável repressão do governo khomeinista, contribuiu para manter o êxodo dos iranianos. Pelo fato de filhos de pai iraniano herdarem automaticamente a nacionalidade, muitos rapazes iranianos criados no exterior jamais visitaram o país de origem por temer o serviço militar obrigatório.

O movimento de evasão desacelerou nos anos 1990, mas candidatos à emigração até hoje formam filas diante dos consulados estrangeiros em Teerã. Aversão ao ambiente político e busca por melhores condições continuam sendo as principais razões por trás das migrações. Muitos entram no Ocidente com visto de turista e lá permanecem em situação irregular. Alguns conseguem *status* de asilados políticos.

A era Ahmadinejad levou à retomada do movimento de evasão, principalmente após a violenta repressão aos protestos decorrentes do pleito de 2009, no qual o polêmico presidente foi reeleito.

Entre os iranianos que migram existe até hoje uma alta parcela de empresários, médicos, dentistas, engenheiros, professores e pesquisadores, no que constitui uma das mais acentuadas fugas de cérebro no mundo, como abordamos no capítulo "País emperrado".

É difícil avaliar o número exato de iranianos e descendentes radicados no exterior. Estimativas variam entre um milhão e cinco milhões. Em virtude dos fortes laços bilaterais nas décadas que antecederam a revolução, a maior concentração encontra-se nos Estados Unidos, principalmente na Califórnia. Los Angeles é conhecida entre iranianos como Tehrangeles. O Canadá, destino mais recente, tem a segunda maior comunidade da diáspora iraniana. Alemanha, Suécia e Israel completam o *ranking* dos países com presença significativa de imigrantes iranianos. No Brasil, a comunidade iraniana é estimada em algumas centenas.

A diversidade étnica e religiosa dos iranianos se reflete na diáspora. Persas muçulmanos são majoritários, mas azeris, curdos e judeus também compõem a comunidade no exterior, muitas vezes associada a movimentos de oposição ao Estado teocrático. Os adversários da república islâmica no exterior se dividem em duas categorias principais: simpatizantes do MKO, uma seita armada com histórico de atos terroristas e apoio quase inexistente no país; e militantes baha'ís, organizados e muito ativos, inclusive no Brasil, que tentam não envolver fiéis residentes no Irã para não expô-los à perseguição. A dissidência no exterior também tem reformistas, nacionalistas, monarquistas e intelectuais.

Sob uma ótica social e econômica, a diáspora iraniana forma um grupo heterogêneo. Mas, na Europa e, principalmente, nos EUA, predomina um perfil de classe média alta, com abundância de empresários, intelectuais e profissionais liberais. Iranianos formam uma das minorias mais prósperas e instruídas na sociedade americana. A longa lista de iranianos-americanos famosos inclui o tenista André Aggasi, o diretor da Nasa Firouz Naderi e os DJs de música eletrônica Sharam e Ali Dubfire. Também existem empresários de sucesso, como Pierre Omidyar, fundador e presidente do eBay. A filha do secretário de Estado americano, John Kerry, é casada com um iraniano conhecido por ser uma sumidade em matéria de neurocirurgia.

Nas capitais ocidentais, é comum encontrar iranianos inseridos na alta sociedade ou inscritos nas melhores universidades, de Harvard à Escola Politécnica de Paris.

Apesar dos estereótipos negativos associados ao suposto extremismo, comunidades iranianas costumam ser vistas como bem integradas e pacatas, sem propensão para o proselitismo.

CRONOLOGIA

- 3900 a.C. – Sialk, perto da atual Kashan, é a primeira cidade construída no planalto iraniano.
- 3000 a.C. – Elamitas se instalam no oeste do atual Irã.
- 1500 a.C. – Tribos arianas vindas da Ásia Central chegam ao sul do Irã.
- 1000 a.C. (aprox.) – O zoroastrismo se consolida como a primeira religião monoteísta.
- 550-330 a.C. – Império Aquemênida, o primeiro e até hoje o maior da história. Seu auge se deu sob o reino de Dario.
- 492-479 a.C. – Persas tentam conquistar a Grécia, mas acabam repelidos.
- 334 a.C. – O líder macedônio Alexandre, o Grande, derrota os aquemênidas e toma o Império Persa.
- 323 a.C. – Alexandre morre, e seu império se fragmenta. Um de seus generais funda a dinastia Selêucida.
- 230 a.C. – Tribos partas derrotam gradualmente os selêucidas e assumem o controle da Pérsia.
- 224 – Império Sassânida se instala e inaugura a teocracia zoroastra.
- 632 – Após receber revelação do Corão, Maomé morre na atual Arábia Saudita. Seus partidários se lançam à conquista dos territórios vizinhos.
- 633 – Árabes invadem o território sassânida e iniciam a islamização da Pérsia.
- 661 – Ali, neto e genro de Maomé, é assassinado. Seguidores de Ali formam dissidência que sela o início do xiismo.
- 680 – Hussein, filho de Ali, é assassinado pela dinastia Umíada, dominante na região.
- 696 – O árabe se torna língua oficial das terras conquistadas pelo islã.
- 750 – Com apoio de tribos persas, a dinastia Abásida derrota os umíadas.

210 | Os iranianos

- 820 – A proliferação de pequenos Estados persas restringe o domínio árabe sobre a Pérsia. Surge o idioma farsi moderno, que usa escrita calcada no alfabeto árabe.

- Século x – Início do colapso do califado islâmico, que cede espaço a diversas dinastias persas e turcas, como a dos seljúcidas.

- 1220 – Exército mongol, sob o comando de Gengis Khan, invade, arrasa e ocupa boa parte da Pérsia.

- 1227 – Gengis Khan morre. Seus filhos repartem o Império.

- 1271 – Marco Polo atravessa a Pérsia e relata os horrores da destruição causada pelos mongóis.

- 1405 – Timur, comandante turco-mongol, conquista a Pérsia, que é novamente devastada por invasores.

- 1501 – Xá Ismail I reunifica a Pérsia e funda a dinastia Safávida. O islã xiita é declarado religião oficial.

- 1571-1629 – Sob o reino do xá Abbas I, o Império Safávida vive seu apogeu e estabelece relações diplomáticas com a Europa Ocidental.

- 1639 – Império Safávida assina tratado de paz que põe fim a 150 anos de guerra com o Império Otomano.

- 1722 – O líder afegão Mahmoud Khan invade a Pérsia e põe fim à era safávida.

- 1729 – Xá Nader, militar safávida, expulsa afegãos, reunifica a Pérsia e cria sua própria dinastia, a Afshárida. O xá ataca russos, otomanos e indianos.

- 1747 – Xá Nader morre e seu império afunda, inaugurando uma era de caos e conflitos internos.

- 1750 – Karim Khan, ex-general do xá Nader, conquista a maior parte da Pérsia e restaura a estabilidade.

- 1794 – Mohammad Khan Qajar mata o último rei Zand e funda a dinastia Qajar, encerrando meio século de instabilidade.

- 1828 – Ao fim de uma guerra com a Rússia, Irã perde o controle de Geórgia, Armênia e Azerbaijão.

- 1890 – Protestos populares irrompem contra concessão à Grã-Bretanha do monopólio sobre a indústria de tabaco. Sob pressão, a monarquia recua.

- 1906 – Revolução Constitucional culmina com a criação de um Parlamento que limita os poderes da monarquia.

Cronologia | 211

- 1914-1918 – Pérsia se declara neutra na Primeira Guerra Mundial, mas seu território é palco de intensos combates. Rússia e Grã-Bretanha ocupam partes do país.

- 1921 – O oficial do Exército Reza Khan toma o poder e, dois anos depois, se torna primeiro-ministro.

- 1925 – Parlamento é obrigado a "votar" pela transformação de Reza Khan em chefe de Estado, enterrando de vez a dinastia Qajar.

- 1926 – Reza Khan é coroado imperador e adota o sobrenome Pahlavi. Seu primogênito, Mohammad Reza Pahlavi, é apontado príncipe herdeiro.

- 1935 – Governo muda o nome do país de Pérsia para Irã.

- 1936 – Reza Pahlavi lança campanha em favor da emancipação das mulheres e veta símbolos religiosos, inclusive o véu islâmico.

- 1941 – Durante a Segunda Guerra Mundial, britânicos e russos ocupam a Pérsia e depõem Reza Pahlavi em represália aos seus laços com a Alemanha nazista. Mohammad Reza Pahlavi assume o trono.

- 1943 – Reunidos em Teerã, Franklin Roosevelt, Winston Churchill e Josef Stalin assinam a Declaração de Teerã, que promete reconhecer a independência do Irã ao fim da guerra. Soviéticos descumprem o acordo e ocupam partes do país após término do conflito.

- 1946 – União Soviética se retira do Irã.

- 1950 – Ali Razmara se torna primeiro-ministro e é assassinado meses depois por um extremista islâmico. Seu substituto é o nacionalista Mohammad Mossadegh.

- 1951 – Sob o comando de Mossadegh, Parlamento aprova lei para nacionalizar o petróleo, até então dominado por britânicos. Londres impõe embargo ao Irã.

- 1953 – Furioso com a perda das concessões e preocupado com possível avanço comunista, Reino Unido orquestra golpe de Estado com apoio americano e derruba Mossadegh. O xá retorna ao país após breve autoexílio e recupera plenos poderes.

- 1957 – Irã intensifica laços políticos, econômicos e militares com EUA.

- 1963 – Mohammad Reza Pahlavi lança a "Revolução Branca", que visa reformar o sistema agrário e ocidentalizar a sociedade. A ditadura se acirra.

- 1964 – Líder do movimento antimodernização, aiatolá Khomeini parte para o exílio no exterior.

212 | Os iranianos

- 1971 – Luxo e ostentação na celebração dos 2.500 anos do Império Persa acirram o ódio ao xá.

- 1973 – Durante choque petroleiro, Irã rejeita aderir a embargo contra países ocidentais e aumenta exportações de petróleo.

- 1978 – Ondas de greves, protestos e revoltas contra ocidentalização e autoritarismo se alastram pelo Irã.

- 1979 – Irã afunda no caos, e família imperial foge para o exterior. Aiatolá Khomeini retorna ao país para comandar a Revolução Islâmica; estudantes tomam a embaixada americana em Teerã e exigem que os EUA extraditem o xá.

- 1980 – Abolhasan Bani Sadr é eleito primeiro presidente do novo Estado islâmico. O xá morre de câncer no Egito. Iraque ataca Irã.

- 1981 – Após 444 dias de cativeiro, 52 reféns americanos são libertados. Bani Sadr foge para a França.

- 1983 – Atentado mata centenas de soldados franceses e americanos no Líbano; Ocidente culpa Irã.

- 1984 – EUA admitem ter vendido armas ao Irã para levantar fundos em favor de forças anticomunistas na Nicarágua.

- 1988 – Míssil americano derruba Airbus iraniano com 290 a bordo. Cessar-fogo com Iraque é mediado pela ONU.

- 1989 – Khomeini emite decreto religioso pedindo a cabeça do escritor indiano Salman Rushdie por suposta blasfêmia contra o Islã. Khomeini morre meses depois e é substituído pelo aiatolá Ali Khamenei. Ali Akbar Hashem Rafsanjani se torna presidente.

- 1990 – Terremoto mata 40 mil pessoas no norte do país.

- 1995 – EUA impõem sanções petroleiras e comerciais contra o Irã por suposto apoio ao terrorismo.

- 1997 – Mohammad Khatami ganha eleição e se torna o primeiro presidente reformista.

- 1998 – Governo afegão Talebã executa nove iranianos em Mazar-e Sharif, e Irã por pouco não ataca o Afeganistão para retaliar o massacre.

- 1999 – Estudantes iniciam onda de protestos contra fechamento de jornal reformista. A polícia responde com violência.

- 2001 – Apesar da oposição agressiva dos conservadores, o presidente Khatami é reeleito. Irã se solidariza com EUA após ataques de 11 de setembro.

Cronologia | 213

- 2002 – George W. Bush inclui Irã no "eixo do mal". Dissidentes iranianos revelam existência de centrais nucleares não declaradas à ONU.

- 2003 – Advogada e ativista de direitos humanos Shirin Ebadi ganha Nobel da Paz. Irã suspende enriquecimento de urânio e oferece concessões aos EUA, que rejeitam proposta de pacto. Terremoto no sudeste mata 40 mil pessoas.

- 2005 – Irã retoma enriquecimento de urânio. O prefeito de Teerá, Mahmoud Ahmadinejad, ganha eleição presidencial e inicia guinada conservadora.

- 2006 – Ahmadinejad passa a questionar Holocausto e apelar pelo fim de Israel. ONU impõe primeiras sanções multilaterais para retaliar programa nuclear do Irã.

- 2007 – Capacidade do programa nuclear iraniano dispara, mas relatório de inteligência dos EUA minimiza risco de o Irã ter a bomba.

- 2008 – Irã testa mísseis de fabricação nacional capazes de atingir Israel. ONU adota novas sanções contra Teerá. Ahmadinejad parabeniza Barack Obama por chegada à Casa Branca.

- 2009 – Ahmadinejad é reeleito em meio a suspeitas de fraude que geraram megaprotestos esmagados pelo regime. O presidente é recebido por Lula em Brasília.

- 2010 – Lula vai a Teerá e, com ajuda turca, costura acordo pelo qual Irã despacharia urânio enriquecido para o exterior. Ocidente rejeita concessões iranianas e pressiona ONU a adotar novas sanções contra o Irã.

- 2011 – Protestos eclodem pelo país em apoio a revoltas nos países árabes. Ahmadinejad entra em confronto aberto com Khamenei. Estudantes invadem embaixada britânica em Teerá.

- 2012 – Em meio a crescente ameaça de ataque israelense, Irã sofre imposição das sanções mais duras de sua história. O rial, moeda nacional, degringola; crise econômica assola população.

- 2013 – Hasan Rowhani é eleito presidente graças à promessa de maiores liberdades e de buscar acordo para aliviar sanções. O presidente conversa ao telefone com Obama, no primeiro contato entre dirigentes dos dois países desde 1979.

- 2014 – Entra em vigor histórico acordo nuclear preliminar pelo qual o Irã freia seu programa nuclear em troca de um alívio parcial das sanções.

BIBLIOGRAFIA

ABRAHAMIAN, Ervand. *A History of Modern Iran*. Cambridge: Cambridge University Press, 2008.

_____. *Khomeinism: essays on the Islamic Republic*. Berkeley/Los Angeles: University of California Press, 1993.

AFKHAMI, Gholamreza. *The life and Times of the Shah*. Berkeley/Los Angeles: University of California Press, 2009.

ALAVI, Nasrin. *We are Iran: the Persian Blogs*. New York: Soft Skull Press Inc., 2005.

ANSARI, Ali. *Modern Iran since 1921: the Pahlavis and After*. Harlow: Longman, 2003.

ARMAJANI, Yahya. *Middle East: Past and Present*. Englewood Cliffs: Prentice Hall, 1970.

ARMSTRONG, Karen. *The Case for God*. New York: Knopf, 2009.

AVERY, Peter. *Modern Iran*. New York: F. A. Praeger, 1965.

AXWORTHY, Michael. *Iran: Empire of the Mind: A History from Zoroaster to the Present Day*. London: Penguin, 2008.

_____. *Revolutionary Iran: A History of the Islamic Republic*. Oxford: Oxford University Press, 2013.

_____. *The Sword of Persia: Nader Shah, from Tribal Warrior to Conquering Tyrant*. London: I. B. Tauris & Co Ltd, 2006.

AZAR, Nafisi; SATRAPI, Marjane; KIAROSTAMI, Abbas; SHIRIN, Neshat; ZANGANEH, Lila Azam; AGHDASHLOO, Shohreh. *My Sister, Guard Your Veil; My Brother, Guard Your Eyes: Uncensored Iranian Voices*. Boston: Beacon Press, 2006.

BATMANGLIJ, Najmieh. *New Food of Life: Ancient Persian and Modern Iranian Cooking and Ceremonies*. Washington: Mage Publishers, 1992.

BEHNOUD, Masoud. *Khanoum*. Cambridge: Vanguard Press, 2008.

_____; SEPAHVAND, Hojat; HALASA, Malu; GOLESTAN, Kaveh. *Kaveh Golestan: Recording the Truth in Iran 1950-2003*. Ostfildern: Hatje Cantz, 2008.

BIRD, Isabella. *Journeys in Persia & Kurdistan*. Cambridge: Cambridge University Press, 2010. [1. ed. 1891].

BOSTOM, Andrew. *Iran's Final Solution for Israel: The Legacy of Jihad and Shi'ite Islamic Jew-Hatred in Iran*. Washington, D.C.: Bravura Books, 2014.

BUCHAN, James. *Days of God: The Revolution in Iran and Its Consequences*. London: John Murray Publishers, 2012.

BURKE, Andrew; ELIOTT, Mark. *Lonely Planet Iran*. Londres: Lonely Planet Publications, 2008.

BURKE, Andrew; MAXWELL, Virginia; SHEARER, Iain. *Lonely Planet Iran*. Londres: Lonely Planet Publications, 2012.

BURNETT, David. *44 Days: Iran and the Remaking of the World*, Washington D.C.: National Geographic Society, 2009.

CHELKOWSKI, Peter; DABASHI, Hamid. *Staging a Revolution: The Art of Persuasion in the Islamic Republic of Iran*. New York: New York University Press, 1999.

COTTAM, Richard. *Nationalism in Iran*. Pittsburgh: University of Pittsburgh Press, 1964.

DABASHI, Hamid. *Being a Muslim in the World*. New York: Palgrave Macmillan, 2012.

_____. *Brown Skin, White Masks: The Islamic Mediterranean*. London/New York: Pluto Press, 2011.

_____. *Close Up: Iranian Cinema, Past, Present, and Future*. London/New York: Verso, 2001.

_____. *Corpus Anarchicum: Political Protest, Suicidal Violence, and the Making of the Posthuman Body*. New York: Palgrave Macmillan, 2012.

_____. *Iran: A People Interrupted*. New York: New Press, 2007.

216 | Os iranianos

_____. *Iran, The Green Movement and the USA: The Fox and the Paradox*. London/New York: Zed Books, 2010.

_____. *Islamic Liberation Theology: Resisting the Empire*. Abingdon/New York: Routledge, 2008.

_____. *Masters & Masterpieces of Iranian Cinema*. Washington, D.C.: Mage Publishers, 2007.

_____. *Post-Orientalism: Knowledge and Power in Time of Terror*. New Brunswick: Transaction Publishers, 2009.

_____. *Shi'ism: A Religion of Protest*. Cambridge: Belknap Press of Harvard University Press, 2011.

_____; NIKZADFAR, Navid. *The Green Movement in Iran*. New Brunswick: Transaction Publishers, 2011.

DANESHVAR, Simin. *Savushun: A Novel About Modern Iran*. Washington: Mage Publishers, 1990.

DE BELLAIGUE, Christopher. *Patriot of Persia: Muhammad Mossadegh and a Tragic Anglo-American Coup*. New York: Harper, 2012.

DOWLATABADI, Mahmoud; PATTERDALE, Tom. *The Colonel: A Novel*. London: Haus Publishing Ltd, 2011.

EBADI, Shirin; MOAVENI, Azadeh. *Iran Awakening: A Memoir of Revolution and Hope*. New York: Random House, 2006.

EBADI, Shirin; MOAVENI, Azadeh. *Iran Awakening: One Woman's Journey to Reclaim Her Life and Country*. New York, Random House Trade Pbk., 2007.

FLOOR, Willem. *Iran and the World in the Safavid Age*. London: I. B. Tauris, 2012.

GHEISSARI, Ali. *Contemporary Iran: Economy, Society, Politics*. Oxford, Oxford University Press, 2009.

HEDAYAT, Sadeq. *The Blind Owl*. London: Calder and Boyars, 1971.

HOLLAND, Tom. *Persian Fire: The First World Empire and the Battle for the West*. New York: Doubleday, 2005.

KAPUSCINSKI, Richard. *Shah of Shahs*. San Diego: Harcourt Brace, Jovanovich, 1985.

KEDDIE, Nikki R. *Modern Iran: Roots and Results of Revolution*. New Haven: Yale University Press, 2003.

KINZER, Stephen. *Todos os homens do Xá*. Rio de Janeiro: Bertrand Brasil, 2004.

KRIWACZEK, Paul. *In Search of Zarathustra: Across Iran and Central Asia to Find the World's First Prophet*. New York: Vintage Departures/Vintage Books, 2004.

_____. *In Search of Zarathustra: The First Prophet and the Ideas That Changed the World*. New York: Knopf, 2003.

KURZMAN, Charles. *The Unthinkable Revolution in Iran*. Cambridge, Mass.: Harvard University Press, 2004.

LIEBETRAU, Preben. *Oriental Rugs in Colour*. New York: Macmillan, 1963.

MAHDAVI, Pardis. *Passionate Uprisings: Iran's Sexual Revolution*. Stanford: Stanford University Press, 2009.

MAROUFI, Abbas. *Symphony of the Dead*. Londre: Aflame Books, 2007.

_____. *Symphonie der Toten*. Frankfurt: Insel-Verl., 1996.

MELEIRO, Alessandra. *O novo cinema iraniano*: arte e intervenção social. São Paulo: Escrituras, 2006.

MILANI, Abbas. *The Shah*. New York: Palgrave Macmillan, 2011.

MILANI, Farzaneh. *Words, Not Swords: Iranian Women Writers and the Freedom of Movement (Gender, Culture, and Politics in the Middle East)*. Syracuse: Syracuse University Press, 2011.

MILANI, Mohsen. *The Making Of Iran's Islamic Revolution: From Monarchy To Islamic Republic*. Boulder: Westview Press, 1988.

MOLAVI, Afshin. *The Soul of Iran: A Nation's Struggle for Freedom*. New York: W. W. Norton, 2002.

MURRAY, Williamson; WOODS, Kevin. *The Iran-Iraq War: A Military and Strategic History*. Cambridge: Cambridge University Press, 2014.

NAFISI, Azar. *Reading Lolita in Tehran: A Memoir in Books*. New York: Random House, 2003.

NESHAT, Shirin. *Women of Allah*. Torino: Marco Noire Editore, 1997.

PAHLAVI, Farah. *An Enduring Love: My Life with the Shah*. Waterville: Thorndike, 2004.

PAHLAVI, Mohammad Reza. *Mission for My Country*. New York: McGraw-Hill, 1960.

PARSI, Trita. *A Single Roll of the Dice: Obama's Diplomacy with Iran*. New Haven: Yale University Press, 2012.

_____. *Treacherous Alliance: The Secret Dealings of Israel, Iran, and the United States*. New Haven: Yale University Press, 2007.

Bibliografia | 217

PARSIPOUR, Shahrnoush. *Touba and the Meaning of Night*. New York: Feminist Press at the City University of New York, 2006.

_____. *Kissing the Sword: A Prison Memoir*. New York: Feminist Press at the City University of New York, 2013.

_____; FARROKH, Fereydoun; NESHAT, Shirin. *Women Without Men; A Novel of Modern Iran*. New York: Feminist Press at the City University of New York, 2012.

PETERSON, Scott. *Let the Swords Encircle Me, Iran: a Journey Behind the Headlines*. New York: Simon & Schuster, 2010.

PEZESHKZAD, Iraj. *My Uncle Napoleon*. New York: Random House, 1973.

POLK, William. *Understanding Iran: Everything You Need to Know, from Persia to the Islamic Republic, from Cyrus to Ahmadinejad*. New York: Palgrave Macmillan, 2009.

POLLACK, Kenneth, *The Persian Puzzle: The Conflict Between Iran and America*. New York: Random House, 2004.

RADJI, Parviz. *In the Service of the Peacock Throne: The Diaries of the Shah's Last Ambassador to London*. London: H. Hamilton, 1983.

SADEGHI, Hamideh. *Women and Politics in Iran: Veiling, Unveiling, and Reveiling*. Cambridge: Cambridge University Press, 2007.

SANASARIAN, Eliz. *Religious Minorities in Iran*. Cambridge/New York: Cambridge University Press, 2000.

SANGHVI, Ramesh. *The Shah of Iran*. New York: Stein and Day, 1968.

SARSHAR, Houman. *Ester's Children: A Portrait of Iranian Jews, Beverly Hills, Center for Iranian Jewish Oral History*. Philadelphia: Jewish Publication Society, 2002.

SATRAPI, Marjane. *Persepolis: The Story of a Childhood*. Paris: L'Association, 2000.

SCIOLINO, Elaine. *Persian Mirrors: The Elusive Face of Iran*. New York: Simon and Schuster, 2000.

SHAWCROSS, Willian. *The Shah's Last Ride*. New York: Simon and Schuster, 1988.

TAHERI, Amir. *The Spirit of Allah: Khomeini and the Islamic Revolution*. Bethesda: Md., Adler & Adler, 1985.

TALATTOF, Kamran. *Modernity, Sexuality, and Ideology in Iran: The Life and Legacy of Popular Female Artists*. Syracuse: Syracuse University Press, 2011.

WIESEHÖFER, Josef. *Ancient Persia: from 550 BC to 650 AD*. London: I. B. Tauris, 1996.

WRIGHT, Robin. *The Last Great Revolution: Turmoil and Transformation in Iran*. New York: A. A. Knopf, 2000.

 # O AUTOR

Samy Adghirni, filho de pai marroquino e mãe brasileira, formou-se em Jornalismo pela Universidade Stendhal de Grenoble, França, em 2001. Mas sua primeira experiência profissional ocorreu três anos antes, quando foi estagiário da equipe da Rádio Guaíba de Porto Alegre, que cobriu a Copa do Mundo de 1998. Em Paris, foi repórter *freelancer* da rádio BFM e apresentou boletins no serviço em português da Radio France Internationale. Voltou para o Brasil em 2002 e passou a trabalhar para o *Correio Braziliense*. Entre 2005 e 2007, foi colaborador do escritório da Agence France Presse em Brasília. Desde 2008, é repórter da *Folha de S.Paulo*. Cobriu revoltas árabes no Egito, na Tunísia, na Líbia e na Síria. Em 2011, abriu o posto de correspondente da *Folha* em Teerã, tornando-se o primeiro jornalista brasileiro a morar no Irã.

LEIA TAMBÉM

OS ARGENTINOS

Ariel Palacios

    Os brasileiros acham que conhecem bem os argentinos. Afinal, nós curtimos Buenos Aires, eles desfrutam de nossas praias e uns e outros praticam a língua comum, o portunhol. Desconfiamos de que ser argentino vai além de amar tango e churrasco, mas nem imaginamos que nossa rivalidade preferencial não é recíproca: eles detestam reconhecer, mas amam os brasileiros e preferem derrotar os ingleses à nossa seleção de futebol.
    Os argentinos já ganharam prêmios Nobel (nós ainda não), e o metrô de Buenos Aires, centenário, é prova de que já viveram dias melhores. Agora eles estão sempre ocupando as ruas e protestando. Seu sistema educacional e sua concentração na capital mostram um povo urbano, culto e politizado, mas a instabilidade pode ser percebida pela sucessão de líderes populistas entremeada de golpes militares.
    Para realmente desvendar esse povo que clama ter inventado o doce de leite e a caneta esferográfica e brilha no cinema e na literatura, o jornalista Ariel Palacios – correspondente brasileiro em Buenos Aires desde 1995 – elaborou este saboroso e imperdível "Os argentinos".

CADASTRE-SE
EM NOSSO SITE,
FIQUE POR DENTRO DAS NOVIDADES
E APROVEITE OS MELHORES DESCONTOS

LIVROS NAS ÁREAS DE:

História | Língua Portuguesa | Educação
Geografia | Comunicação | Relações Internacionais
Ciências Sociais | Formação de professor
Interesse geral | Romance histórico

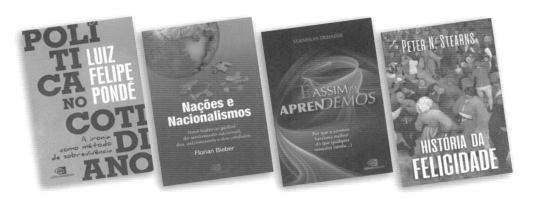

ou
editoracontexto.com.br/newscontexto

Siga a Contexto
nas Redes Sociais:
@editoracontexto

GRÁFICA PAYM
Tel. [11] 4392-3344
paym@graficapaym.com.br